1 MONTH OF
FREE
READING

at

www.ForgottenBooks.com

By purchasing this book you are eligible for one month membership to ForgottenBooks.com, giving you unlimited access to our entire collection of over 1,000,000 titles via our web site and mobile apps.

To claim your free month visit:
www.forgottenbooks.com/free992961

ISBN 978-0-364-21108-3
PIBN 10992961

This book is a reproduction of an important historical work. Forgotten Books uses
state-of-the-art technology to digitally reconstruct the work, preserving the original format
whilst repairing imperfections present in the aged copy. In rare cases, an imperfection in
the original, such as a blemish or missing page, may be replicated in our edition. We do,
however, repair the vast majority of imperfections successfully; any imperfections that
remain are intentionally left to preserve the state of such historical works.

Die Denkschrift

des

bayerischen Volksschullehrer = Vereins

und

deren Gegner.

Ein abgedrungenes Wort zur Abwehr der gegen die Reform=
Bestrebungen der bayerischen Lehrer erhobenen Anschuldigungen
und Verdächtigungen.

Herausgegeben

von dem

Ausschusse des bayerischen Volksschullehrervereins.

Freising.

Druck und Verlag von Franz Datterer.

Motto:

„Zum Begraben der Wahrheit gehören viele Schaufeln."

Alter Spruch.

Die „Denkschrift des bayerischen Volksschullehrer=
vereins zur Reform des bayerischen Volksschulwe=
sens" hat bereits eine erkleckliche Anzahl Gegenschriften hervor=
gerufen, welche alle sich die Aufgabe gestellt haben, nachzuweisen,
daß die in der Denkschrift aufgestellten Grundsätze falsch, unberech=
tigt, religions= und staatsgefährlich seien. Wohl konnte erwartet
werden, daß Widersprüche sich gegen die Denkschrift würden geltend
zu machen suchen; unerwartet kam jedoch die Art und Weise, wie
dieß geschehen. Es wird dieses Schriftstück fast nur von Geistlichen
befehdet und von ihnen hätte man erwarten sollen, daß die Be=
kämpfung der in der Denkschrift ausgesprochenen Ansichten und
Grundsätze mit Ruhe, Anstand und Würde, in christlichem Geist
und Sinn und nur vom pädagogischen Standpunkte in stets ob=
jektiver Richtung geschehen werde. Wer aber die verschiedenen
„Beleuchtungen der Denkschrift" zur Hand nimmt, wird in dieser
Erwartung völlig getäuscht; denn er findet statt Ruhe — meist
heftige Leidenschaftlichkeit; statt Anstand und Würde — Verhöh=
nung und Beschimpfung des Lehrerstandes, Verdächtigung seiner
Absichten und anwidernde Denunciation; statt christlicher Liebe
und Gesinnung — offenen oder versteckten Haß; statt objektiver
und kenntnißvoller Behandlung der Sache, eine auffallende Un=
kenntniß derselben.*) Ob ein solches Verfahren dieser selbst för=
derlich ist, ob namentlich dadurch der von Seite unserer Gegner
angestrebte Zweck erreicht wird, den bisherigen Zustand unseres
Volksschulwesens in seinem ganzen Umfange nicht nur zu erhalten,
sondern eine noch größere Einschränkung herbeizuführen, bleibe
dahingestellt. Jedenfalls wird durch die Gegenschriften und die in
ihnen zu Tage getretenen Anschauungen nicht bloß die Denkschrift
des bayerischen Lehrervereins, sondern auch der ganze Zustand un=
seres Volksschulwesens so auffallend und grell beleuchtet, daß da=
durch die dringendste Nothwendigkeit einer gründlichen Reform
desselben und einer anderen und zwar gesetzlichen Stellung des
Lehrerstandes außer allen Zweifel kommt. — Gehen wir zum Be=
weise dessen etwas näher auf die Auslassungen unserer Gegner ein.
Herr Gaß, kath. Pfarrer und Distriktsschulinspektor, nennt

---

*) Nur die Schrift „Zur Schulreformfrage ꝛc. von Adolf Stählin, prot. Stadt=
pfarrer in Nördlingen," die zu unserm Bedauern erst erschien, nachdem der größte
Theil des Manuscripts zu vorliegender Brochüre schon druckfertig lag, — macht eine
rühmenswerthe Ausnahme.

1

die Denkschrift des bayerischen Lehrervereins einen „großen Druck=
fehler"*) und begründet dieß damit, daß er die Lehrer als Revo=
lutionäre und Freimaurer verdächtigt. Wir setzen die bezügliche
Stelle hieher, um zu zeigen, wie weit Haß und Leidenschaft und
absichtlich falsche Auffassung der Sache gehen können.

„Das Endziel der hohen Venta ist die Vernichtung des Katholicismus und
selbst der christlichen Idee für ewige Zeiten."

Das ist in der That viel auf einmal und wir bedauern, daß
Herr Gaß keine höhere Meinung von der „christlichen Idee" hat.
Aber auch die Monarchie wollen die bayerischen Volksschullehrer
vernichten, denn Herr Gaß fährt also fort:

„Zur Erreichung dieses Zieles sind mehr als 500,000 (!) Brüder in 800 Logen
ganz im Stillen und ohne viel Geräusch ungemein thätig. Als Mittel ge=
brauchen sie — die allgemeine Corruption. „Nur unter der Corruption —
heißt es in den Theorien der hohen Venta — können Katholicismus und Mo=
narchie, diese beiden Fundamente der socialen Ordnung zusammen brechen; wir
dürfen also nicht müde werden, fort und fort zu corrumpiren; wir müssen das
Laster unter dem Volke populär machen."

„Es muß daher die gottlose, materialistische Tendenzwissenschaft die Existenz
eines persönlichen Gottes, die Unsterblichkeit der Seele leugnen, die göttliche
Offenbarung als Mährchen, die heil. Schrift als Fabel und das göttliche Gesetz
als Menschenerfindung erklären und so alle thierischen Leidenschaften der Men=
schen entfesseln. Die Geistlichen müssen als Hemmschuhe der Aufklärung und
des Fortschrittes, als Finsterlinge, Heuchler und Betrüger dem Volke verhaßt
gemacht werden, um ihre Wirksamkeit zu vereiteln, wenn sie es nicht vorziehen,
in den Dienst der Logen zu treten. Der Mann muß von der Liebe zum häus=
lichen Heerde losgerissen, die Frau aber entsittlicht werden. Besonders aber
muß die Jugend vergiftet werden, die Jugend in den Gelehrtenschulen und die
Kinderwelt in den Elementarschulen. Letzteres wird eben mit allem Kraftauf=
wande angestrebt, und hohnlachend erwartet das moderne Heidenthum den völli=
gen Sieg über das Christenthum in der Schule."

So Herr Gaß. Wer nur noch ein wenig Gefühl für Wahr=
heit und Recht hat, der wird uns eine Widerlegung dieser furcht=
baren Anschuldigungen erlassen: sie vernichten sich selbst durch ihre
eigene Schwere. Uns überkommt das Gefühl einer tiefen Scham,
daß ein Priester der christlichen Religion, daß ein Mann, dem die
k. Regierung die Aufsicht über die Schulen und die Lehrer eines
ganzen Distriktes anvertraut, solche ungeheuern Beschuldigungen
dem Lehrerstande in's Gesicht schleudern kann; Beschuldigungen,
die gänzlich aus der Luft gegriffen sind, die allen und jeden Grundes
entbehren, und für welche nie und nimmer auch nur der mindeste
Beweis, am wenigsten aus der „Denkschrift," wird erbracht werden
können. Herr G. hat eine solche Beweisführung auch nicht ein=
mal versucht. Das beweist genug für die Art und Weise, wie
man auf jener Seite den Kampf führt.

*) Ein Mann, der mit der Lehrerdenkschrift so unbarmherzig verfährt, sollte sich
doch bedenken, sich mit den Federn fremder Witze zu schmücken; denn dieses bon mot
ist ein schon längst bekanntes und es bleibt Herrn Gaß nicht einmal die Autorschaft
dieser Anzüglichkeit.

Doch steht Herr Gaß nicht allein. Das „Chilianeum, Blätter für katholische Wissenschaft, Kunst*) und Leben" erklärt die Lehrer, die nicht nach seinem Geist und Sinne sind, geradezu als Demo=kraten, die die Revolution permanent machen wollen; denunzirt das Verlangen derselben nach einer Reform des Volksschulwesens und einer gesetzlichen Stellung des Lehrerstandes als eine dem Jahre 1848 entsprungene revolutionäre Bewegung,

„zumal noch heute wie damals dieselben Faiseurs an der Spitze stehen, die=selben, die schon damals erklärten, daß das Heil der Schule nur in der Trenn=ung von der Kirche, mit einem Worte i n d e r T r e n n u n g v o n d e r c h r i s t=l i c h e n R e l i g i o n bestehe!" Das Streben des Lehrervereins ist ein „Maulwurfwühlen gegen die christliche Religion, welche der heutigen Freiheit gegenüber steht" — (?); die Verfasser der Denkschrift sind ein „arrogant auf=tretendes Corps," das „mit wahrem Blödsinn verlangt, daß der zu Inspicirende**) in der Wirklichkeit sein eigener Inspektor sei." „Vom Schulwesen kann Nie=mand Etwas verstehen, als nur ein Bübchen, das einige Jahre etwas Geigen und Orgeln gelernt, den Katechismus und einiges Andere auswendig gelernt, zwei Jahre lang dressirt,***) als 18jähriger Junge hinaus in eine Schule geschickt wird und nun auf einmal ein Orbilius von vollkommener Virtuosität geworden — nach wenigen Jahren als Lehrer der Schule des Volkes seine un=erreichbare Würde aber auch als „Rector Scholae" den unbezwingbaren pru=ritus des Regierens fühlt! So ist es immer bei halbgebildeten Menschen, die, weil nur halb oder nicht einmal halb gebildet, in dem Wahne befangen sind, daß Niemand Das wissen könne, was sie wissen und zu v e r s t e h e n glauben! Ob solche „Sibi ipsi Sapientes" schon eine Conferenz=Thesis über Judas 10: „Diese aber lästern, was sie nicht verstehen," im Zusammenhange mit Vers 16: „Sie sind murrende, stets klagende, nach ihren Lüsten wandelnde Leute. Ihr Mund redet stolze Worte und sie schmeicheln den Leuten um des Gewinnes willen,"†) gefertigt haben, wissen wir nicht. Haben sie es aber auch, so ist, wie Figura zeigt, kein praktischer Nutzen für ihr Seele hervorgegangen, denn ihre Denkschrift erinnert uns des Liedes: „O schöner Lucifer," zu welchem jeder der Herrn sich seine Melodie selbst componiren mag, wenn er als tech=nischer Referent am Sitze der Regierung, ja in der Regierung selbst sich befindet, wo er Zeit hat, auch sich im Spiegel betrachtend, im Hochgefühle seiner Würde die Frage an sich zu richten: L e h r e r ! W e r b i s t D u ? L e h r e r ! W a s k a n n n o c h a u s d i r w e r d e n ?"

Dieser schmählichen, eines auch nur einigermaßen anständigen und gebildeten Menschen unwürdigen Auslassung gegenüber, drängen

---

*) Wohl die Kunst im Schimpfen, Verleumden und Verdächtigen?
**) Die hier bezügliche Stelle lautet in der Denkschrift (S. 31) wörtlich: „Für den Religionsunterricht des Geistlichen kann der Lehrer nicht als Inspicient verwendet und nicht zur Anwesenheit bei demselben verpflichtet werden." Man sieht hieraus, mit welchen Waffen der Chilianeums=Mann kämpft und wie er sich die Sache zu seinem Zwecke zurecht legt. Oder ist der Geistliche nicht Religionslehrer und auch in dieser Beziehung bloß der „Inspicirende"? Dann macht man sich freilich die Erhalt=ung der Religion in der Volksschule so leicht als möglich!
***) Wir haben uns in der Denkschrift nicht erlaubt, den Schullehrer=Seminarien solch' bittere Anklagen entgegen zu halten.
†) Gibt es wohl unter den Lesern auch nur Einen, der diese Stelle auf die Schullehrer bezieht? Fällt sie nicht in ihrer ganzen Schwere auf Leute vom Schlage des Verfassers? Wir empfehlen ihm zu gründlicher Beherzigung das ganze 23. Ka=pitel des Matthäus. —

1*

sich uns die Fragen auf: Kann und darf die Staatsregierung das
Volksschulwesen solchen Händen anvertrauen? Ist es recht und
billig, ihnen die Lehrer rechtlos zu unterstellen? Was muß aus der
Schule, was aus den Lehrern werden, wenn statt der Intelligenz,
der Ruhe, Milde und Würde, Haß und Rohheit des Geistes und
Charakters über beide zu Gerichte sitzen? Herr Dr. Georg Huller
hat ein „Votum zur Reformfrage des deutschen Schulwesens in Bayern" veröffentlicht, in welcher S. 2 behauptet wird:

> „die Wortführer der Demokraten haben, wie im Jahre 1848, so auch heute an
> einer mißvergnügten Partei des deutschen Schullehrerstandes willige Organe für
> ihre destructiven Tendenzen gefunden. Diesen machte man große Verheißungen,
> ihnen eröffnete man eine glänzende Zukunft, um sich ihrer Dienste zu versichern.
> Die Demokratie muß aber, um lebensfähig zu werden, zuvor die alte, feste
> Grundlage der conservativen Gesellschaft, das Christenthum umstürzen; das
> christliche Bewußtsein muß im Volke mit der Wurzel ausgetilgt werden, damit
> das arme Volk, alles sittlichen Fondes und Haltes entblößt, ein widerstandloses,
> blindes Werkzeug der demagogischen Umsturzgelüste werde."

Es ist in der That eine Erscheinung, die jeden Unbefangenen
stutzig machen muß, daß gerade von Seite der Geistlichen solche
Anschuldigungen gegen die Lehrer erhoben werden, da, wenn sie begründet wären, die Schuld vornehmlich auf den geistlichen Stand
selbst zurückfallen müßte. In der Volksschule schon stehen die
künftigen Lehrer unter der Aufsicht und dem Einflusse der Geistlichkeit; als „Schullehrlinge" werden sie von dieser strenge und
mehr als jeder Andere beaufsichtigt; als Seminaristen haben sie
Geistliche zu Lehrern in allen jenen Unterrichtsfächern, welche Einfluß auf Gesinnung und Charakter ausüben und ihnen eine bestimmte Richtung geben können; als Lehrer im Dienste der Schule
werden sie bis an ihr Lebensende von der Geistlichkeit geleitet,
beaufsichtigt und in der „Zucht erhalten." Und dennoch werden
sie alsbald zu Demokraten, zu Organen für destructive Tendenzen,
zu Menschen, die unter dem armen Volke das christliche Bewußtsein mit der Wurzel austilgen wollen. Haben die Herrn Beleuchter
nicht bedacht, welch' eigenthümliches Schlaglicht sie durch solche
Beschuldigungen auf die seitherige Leitung der Lehrer und die Lehrerbildung werfen?

Uebrigens ist jeder dafür den Beweis schuldig geblieben und
wir erklären diese, so wie die Behauptung, daß die Denkschrift
„aus der lichtscheuen Werkstätte der Herren von der Kelle hervorgegangen sei, dazu bestimmt, alle dem christlichen Prinzipe feind-
seligen Elemente zum Kampfe gegen die Kirche aufzurufen"*), für
das, was sie in der That sind: für offenbare Lügen und Verleum-
bungen. Es ist ein schlimmes Zeugniß nicht nur für unsere Geg-

---

*) Die Forderung: Trennung der Schule von der Kirche vor dem Richterstuhle
der Thatsachen, von Anton Aufhauser, Pfarrer und Dekan.

ner selbst, sondern auch für die Sache, die sie vertreten, daß sie mit solchen Waffen kämpfen. Aber man glaubt am ehesten und sichersten zum Ziele zu kommen, die Schule und die Volksbildung in den alten Fesseln und die Lehrer in entwürdigendem Drucke zu erhalten, wenn man sie, und insbesondere die Mitglieder des bayerischen Lehrervereines, nach unten als religionslos, als entchristlicht, als Freimaurer 2c., und nach oben als Demokraten und Revolutionäre verdächtigt.

Eine Frucht dieses unwürdigen Verfahrens liegt bereits vor: die Eingabe einer Anzahl Gemeindevorsteher aus Unterfranken, die Schulreformfrage betreffend, die sicherlich kein Vorsteher gemacht hat.*) Obwohl wir die Ueberzeugung haben, daß dieser Ausgeburt des Hasses und der Leidenschaft die verdiente Würdigung zu Theil wird, hätten wir doch zur Ehre der betreffenden Gemeinden Unterfrankens gewünscht, daß wenigstens die Eingabe nicht wäre gedruckt worden.

Diesem Allem gegenüber führen wir hier nur den Schlußsatz eines Artikel C. v. Raumers an, eines Mannes, dessen Urtheil auch als Pädagog jedenfalls so viel Gewicht haben dürfte, als dasjenige aller Denkschriften-Beleuchter zusammengenommen. Er lautet:

„Trotz so Manchem, was gegen die Denkschrift zu erinnern ist,**) scheint mir jene geistige Bewegung höchst beachtenswerth, und mancher Stand könnte sich ein Exempel an derselben nehmen. Wem nur irgend das Wohl und Wehe unserer deutschen Jugend am Herzen liegt, der wird nicht nur die Denkschrift mit Theilnahme lesen, sondern auch den so ernsten Besprechungen der Lehrer, welche im Monat September 1864 in Regensburg vereinigt waren, gefolgt sein. Ich möchte besonders den Geistlichen, denen diese merkwürdigen Bewegungen des Lehrerstandes entgangen sein könnten, empfehlen, sich mit denselben bekannt zu machen. Stimmen sie auch nicht in Allem überein, so muß doch der große Ernst, mit dem ihrer viele auf Verbesserung des Schulwesens sinnen, entschieden Achtung einflößen, und den Wunsch, mit diesen in friedlicher, treuer Gemeinschaft zum Segen und Heil der Kinder und der ganzen Gemeinde zu arbeiten.“

Die Lehrer erstreben und wollen in der That nichts anderes als eine zeitgemäße, den Anforderungen einer nach jeglicher Richtung vorgeschrittenen Zeit entsprechende Verbesserung des Volksschulwesens. Ihre Anschauungen über die Mittel und Wege zur Erreichung dieses Zieles haben sie in der Denkschrift niedergelegt, geleitet von der Ueberzeugung, daß der derzeitige Zustand unseres Volksschulwesens nicht mehr genüge, daß dasselbe, wenn nicht zum

---

*) Auch in einem anderen Regierungsbezirke sollte kürzlich eine ähnliche Eingabe zu Stande kommen. Man schickte zu diesem Zwecke einen Bogen an die Gemeindevorsteher zur Unterschrift und es hatte bereits eine ziemliche Anzahl unterzeichnet, als einer derselben erklärte, er unterzeichne nur dann, wenn er wisse, um was es sich handle und was er denn eigentlich unterschreiben soll. Damit war der Coup zu Ende. Ist das ehrlich?

**) Die Verfasser derselben haben sich nie für unfehlbar gehalten.

Rückschritte, doch auch zu keinem Fortschritte unter den bestehen=
den Verhältnissen gelangen wird. Diese Ueberzeugung besteht indeß
nicht bloß im Lehrerstande, sie tritt uns allerwärts entgegen und
wird immer mehr und entschiedener laut werden, je mehr das
staatliche und sociale Leben sich fortschreitend entwickelt. Dieser
Fortschritt ist ein unaufhaltbarer, und wem daher das wahre Wohl
des Volkes, das Heil des gesammten Vaterlandes am Herzen liegt,
der wird streben und bemüht sein, die allgemeine Volksbildung
in Einklang zu bringen, denn sie muß die eigentliche
Grundlage eines zeitgemäßen, vernünftigen Fortschrittes
bilden. Gebt dem Volke eine vernünftige, zeitgemäße Bildung, und
Rohheit und Aberglaube wird mehr und mehr verschwinden und ein
freies sittliches Leben an deren Stelle treten, und was man auf eine
gründliche Bildung des Volkes verwendet, das wird man an Zuchthäu=
sern u. außerordentlichen Schwurgerichtssitzungen ersparen können.*)

Von diesem Standpunkte aus betrachtet tritt die Schulfrage
durchaus nicht „ohne Veranlassung," wie Herr v. Lache=
mair**) glaubt, auf, auch ist sie nicht das Produkt des „falschen
Liberalismus," sondern historischer Thatsachen, und wenn die Leh=
rer durch irgend etwas „geschoben" werden, so geschieht es durch
diese. Auch ist sie keine „Parteifrage",***) oder „künstlich ge=
machte", sondern eine durch die Natur unserer derzeitigen Schul=
verhältnisse nothwendig hervorgerufene.†) — Die Nothwendigkeit
einer Reform des Volksschulwesens gibt Herr v. Lachemair selbst
zu, wenn er (S. 57 u. 58 seiner angezeigten Schrift) sagt:

---

*) Macaulay, der große Geschichtsschreiber Englands, sagt über Volkser=
ziehung u. a.: „Ein Staatsmann kann um eine Bevölkerung im Zaume zu hal=
ten, Kasernen bauen, Reiter gegen sie absenden, sie mit Kartätschen niederschießen, sie
hängen ꝛc., nur unterrichten kann er sie nicht! — Er mag bei dem
Gedanken vielleicht schaudern, daß Millionen von Kindern in Unwissenheit aufwachsen.
Das macht aber Nichts. Er muß den Tag seiner Ernte abwarten; dann beginnt
sein Amt, welches darin besteht, den armen und unwissenden Wilden in's Gefängniß
zu schicken, einen Zweiten zu den Antipoden, einen Dritten an den Galgen. Blicke
man auf die Klagen der Richter, auf die Beschlüsse der Jury ꝛc. Der Grund ist
offenbar, das ganze System ist unrichtig. Gewiß ist (wenn man den niedb=
rigsten Gesichtspunkt, den Kostenpunkt auffaßt), daß man für jedes Pfund,
das man für die Erziehung des Volkes nicht ausgibt, 5 Pfund (und
das ist noch viel zu gering angeschlagen) für Gefängnisse, Verfolgungen, Strafcolo=
nien ꝛc. ausgeben müsse.
**) Die Schulreformfrage von A. v. Lachemair, kath. Pfarrer, S. 18.
***) v. Lachemair a. a. O., S. III.
†) Pfarrer Stählin hat ein offeneres Auge für die Zeit und ihre Regungen.
S. 1 seiner Schrift sagt er, die Schulfrage gehöre nicht zu den Tagesfragen, welche
rasch auftreten und wieder in den Sand verlaufen, „weil der Lehrerstand mit Forderungen
reellster Natur hervorgetreten sei, die des Berechtigten so viel enthielten, daß sie un=
möglich ohne weiteres todtgeschwiegen werden könnten." Wenn er ferner sagt: „wer
freilich die höchste, sei es politische oder kirchliche Weisheit darinnen zu finden meint,
daß er über die Bewegung kurzweg den Stab bricht (Pfarrer Gaß: die ganze Denk=
schrift ist ein großer Druckfehler), im Grunde genommen nur viel Lärmen um nichts

„die anderweitigen Forderungen jedoch, welche man theils zur Hebung der Volks=
schule, theils zu Gunsten des Lehrerstandes stellt, verdienen alle Beachtung.
Erhöhte Bildung des Lehrers selbst, Erweiterung der Unterrichtsgegenstände in
der Schule sind Forderungen, welche, so weit sie nicht den an sich eng gesteckten
Zweck der Volksschule ungebührlich und im Widerspruche mit der Wirklichkeit
des Lebens auf dem platten Lande überschreiten, volle Berücksichtigung verdienen.
Ich glaube gewiß zu sein, daß alle vernünftigen Eltern und die gesammte Geist=
lichkeit alle hierauf bezüglichen Strebungen mit Freuden begrüßen."

Was nun den letzteren Punkt, die „gesammte Geistlichkeit",
betrifft, so ist Herr v. Lachemair sicher im Irrthum und wir
verweisen ihn zum Beweise dessen auf alle die Broschüren, die von
Geistlichen gegen die Denkschrift erschienen sind, und wenn man,
wie diese christlichen Herren es thun, die Eltern gegen die Lehrer
aufzureizen und aufzuhetzen sucht, dann dürfte auch von ihnen
wenig Heil für die Schule zu erwarten sein. Wer einen offenen,
vorurtheilsfreien Blick in unser Volksleben wirft, wer die Erschein=
ungen beobachtet, wie sie da und dort in diesem gegenwärtig zu
Tage treten, der muß zu der Ueberzeugung gelangen, daß es unab=
weisbar ist, dem Zeitbedürfniß durch eine entsprechende Volksbild=
ung entgegenzukommen.

Aus den thatsächlich bestehenden Verhältnissen unseres Volks=
schulwesens sowohl, als auch aus den nur theilweise angeführten
Auslassungen der Beleuchter der Denkschrift resultirt unzweifelhaft
die Berechtigung des Lehrstandes, eine Reform des Volksschulwesens
und eine gesetzliche, vor willkürlicher Behandlung schützende Stell=
ung der Lehrer zu erstreben. Dieses Streben erhält gerade jetzt
ein ganz besonderes Gewicht durch die Thatsache, daß selbst fleißige
und tüchtige Lehrer, weil sie Mitglieder des bayerischen Lehrerver=
eins sind und der Denkschrift zustimmen, bei der öffentlichen Jah=
resprüfung für ihre Thätigkeit in der Schule von manchem Hrn.
Lokal= und Distriktsschulinspektor eine geringe Note bekommen,
und daß ihnen kein Mittel zu Gebote steht, sich vor solcher Will=
kür zu sichern.

Wahrlich, wäre es möglich, alles zu veröffentlichen, was bis=
her gegen einen vollkommen rechtlosen Stand geübt worden ist,
man würde staunen und sich fragen, ob das in einem constitutio=
nellen Staate möglich sei. Jetzt, da die Schullehrer sich endlich
ermannen, sich an einander schließen und dadurch sich als Stand
fühlen lernen, jetzt, da in ihnen das Bewußtsein rege wird, daß
ihnen neben den schweren Pflichten, die sie zu erfüllen haben,
doch auch etwelche Rechte gebühren: jetzt werden sie von solchen,

---

darin erkennt und etwa den Lehrerstand als eine verstiegene und gegen alles bestehende
verschworene Clique ansieht, der hat sich Alles gar zu leicht gemacht; ein solcher steht
weder in der Wahrheit noch in der Liebe u. s. w." — so hat er damit über die sonsti=
gen Denkschriftenbeleuchter und die Art und Weise ihres Kampfes ein Urtheil aus=
gesprochen, welches ihn als Mann und Geistlichen ehrt.

die sich Diener Christi nennen, denunzirt, verhöhnt, verleumdet, verdächtigt und unter den Auswurf der Menschheit rangirt in einer Weise, die man nicht für möglich halten sollte. — Man sagt zwar, nur ein „kleiner Bruchtheil" betheilige sich an der Bewegung — nahezu die Hälfte der bayerischen Lehrer ist übrigens kein „kleiner Bruchtheil" mehr; — die übrigen verabscheuen ein solches Streben. Wer aber die bestehenden Verhältnisse nur einigermaßen kennt, wer da weiß, welche Mittel den nächsten Vorgesetzten gegen die Lehrer zu Gebote stehen und wie rücksichtslos diese benützt werden, um sie von der Betheiligung am Lehrerverein sowohl, als auch an der allgemeinen Bewegung abzuhalten, der wird auch die Wahrheit dieser Behauptung nach ihrem wahren Werthe würdigen. — Man nennt dieses Streben „Emancipation." Wohl! Aber es ist keine Emancipation von der Kirche oder von der christlichen Religion, sondern eine Emancipation von einem rechtlosen Zustande, einem Zustande, der eine zeitgemäße Entwickelung der allgemeinen Volksbildung hindert und die Lehrer zu bloßen Gehülfen und zu persönlichen Dienern der Geistlichen herabwürdigt. Ganz Amerika hat einen Riesenkampf für die Emancipation der Sklaven durch= gekämpft; Hunderttausende haben Blut und Leben geopfert für Erlangung der allgemeinen Menschenrechte, und man staunt über diesen Kampf. Wenn aber bei uns die deutschen Schullehrer ihre Stimme erheben, um für ihren Stand Menschen=, Staats= und Bür= gerrechte zu erbitten, wenn sie bitten, man möge die Volks= schule auf einen Boden stellen, auf welchem ihre entsprechende Ent= wickelung allein möglich ist, so nennt man das eine „eckelhafte Mengerei", so sind die Lehrer Freimaurer, Demokraten, Revolutio= näre, nicht einmal halbgebildete Menschen und „Bübchen", eine „nie zufriedene, (!) allzeit rührige Schullehrerschaft." *) Herr v. Lachemair sagt S. 52 seiner angeführten Schrift:

„Eine freie Verfassung ist jene Staatseinrichtung, die jedem berechtigten Theile das Seine läßt und das Seine gibt. Das ist einleuchtend; denn wenn nur einem Bruchtheil eines berechtigten Theiles bloß Pflichten zugeschoben werden, das ihm zustehende Recht aber der freien Bewegung innerhalb seiner Sphäre und seines Gebietes vorenthalten, geschmälert oder entrissen wird, so ist dieser berechtigte Theil unfrei und die Staatseinrichtung, die solche Rechts= entziehung oder Schmälerung vornimmt, kann keine „freie Verfassung" ge= nannt werden."

Man möge uns erlauben, diese Stelle auf die bayer. Schul= lehrer zu beziehen, obgleich dieselben bis jetzt noch keinen „berech= tigten Theil" im staatlichen Organismus bildeten. Ihnen waren bis jetzt nur Pflichten zugeschoben und zwar große und schwere Pflichten; das Recht aber der freien Bewegung inner= halb seiner Sphäre ist ihnen bis jetzt noch nicht gewährt.

---

*) Dr. Huller a. a. O., S. 11.

Dieses auf legalem Wege zu erstreben, kann ihnen nur von Sol=
chen so sehr übel gedeutet werden, die stets möglichst viele und
ausgedehnte Rechte für sich in Anspruch nehmen; Anderen aber
sie vorzuenthalten oder zu entziehen allezeit geneigt sind. Wir
gestehen gern, daß wir Herrn v. Lachemair nicht zu diesen zählen,
denn gerade mit seinen Ansichten wäre eine Verständigung am
ehesten möglich, mit allen übrigen — das wird Herr v. Lache=
mair, wenn er die verschiedenen „Beleuchtungen", die Artikel des
Volksboten und die Aufsätze im „Bamberger Pastoralblatt" ge=
lesen, selbst zugestehen müssen — nicht.

Nach dieser allgemeinen Darlegung der Sache sei es uns ge=
stattet, auf die besonderen Verhältnisse der Volksschule und des
Lehrerstandes einzugehen.

Erster Abschnitt.

Von der Volksschule.

Daß die Volksschule für Staat, Kirche, Gemeinde und Fa=
milie von höchster Wichtigkeit und Bedeutung ist, bedarf keines
weitläufigen Beweises. Harnisch sagt darüber:

„Alle Staatsverfassungen sind und bleiben papierne, wenn nicht der Geist
des Volkes sie durchwebt und durchlebt; und damit dieß geschehe, so muß die
Erziehung und Bildung des Volkes die wichtigste Angelegenheit des Staates
sein." „Die Volksschulen sind die Grund=, Wurzel= und Stammschulen, von
deren Beschaffenheit die andern Schulen abhangen. Sie sollten deßhalb ein
vorzüglicher Gegenstand der Staatsleitung sein. So lange ein Staat das
Volksschulwesen sich selber überläßt, hat er sich selbst und die Wirksamkeit seines
Daseins und seiner selbstständigen, eigenthümlichen Ausbildung noch nicht erfaßt."

Wir könnten uns noch auf sehr viele Aussprüche berühmter
Staatsmänner, Kirchenlehrer u. A. beziehen, um dadurch die Be=
deutung der Wichtigkeit der Volksschule für den Staat zu bewei=
sen, es dürfte indessen überflüssig sein, denn die Zeitverhältnisse
mahnen zu stark an diese Wahrheit, als daß sie überhört werden
könnte. Ein konstitutioneller Staat ist geradezu unmöglich ohne
eine tüchtige Volksbildung. Gebildete Unterthanen sind der festeste
Wall und die unüberwindlichste Schutzwehr des Vaterlandes in
den Tagen der Gefahr, und der Staat, welcher die Volksbildung
aus der Hand gibt, legt dadurch die Axt an die Wurzel seiner
Entwickelung, seiner Sicherheit, wenn nicht seiner Existenz. Er
darf sich daher nicht blos um die „fertigen" Staatsbürger küm=

mern *), sondern er muß seine Sorge auch ganz besonders den „werbenden" zuwenden. „Die Bestimmung des Staates ist keine andere, als Entwickelung der Anlagen, welche der Schöpfer in die Menschen gelegt hat, Erhebung zur sittlichen Würde, zur Selbst=ständigkeit, zur Freiheit **)." Die Macht desselben ist nicht blos eine materielle: „Gesetze, Verordnungen, Kerker und Gefängniß, Kanonen und Bajonette," sondern auch eine sittliche; er ist nicht „an sich ein hohler Begriff, ein Abstraktum" ***), sondern etwas wesentlich Concretes, und hat als solches die Verwirklichung der höchsten Ideen der Menschheit zum Ziele. Da ferner in einem constitutionellen Staate nicht die „Meinungen und Ansichten" seiner Organe, nicht die „Willkür der eben am Ruder befindlichen Partei", sondern das Gesetz regiert; da endlich auch die Rechte der einzelnen Religionsgesellschaften gesetzlich festgestellt und geordnet sind, und ein Losreißen vom Geiste des Christenthums gar nicht denkbar ist; so ist daher auch die (S. 23) ausgesprochene Befürchtung des Herrn v. Lachemair, die staatlichen Schul=Behör=den gäben keine Bürgschaft dafür, daß der Unterricht und die Er=ziehung der Jugend nach den Grundsätzen geregelt und eingerichtet werden, welche dem Gewissen der Kirche und Familie genau ent=sprechen — eine unbegründete. Denn im constitutionellen Staate kommt nicht nur der Wille der Regierenden, sondern auch der Regierten — der Volkswille — zur Geltung und es müßte darum auch, wenn die Behörden keine Bürgschaft für die Erziehung der Jugend nach christlichen Grundsätzen geben würden, dem Volke selbst das Christenthum total entschwunden sein. Eine solche Mög=lichkeit zuzugeben wird kein Vernünftiger auch nur entfernt ge=neigt sein.

Obgleich nun aber die staatlichen und bürgerlichen Verhält=nisse die ersten und nächsten sind, die den Menschen umfangen, so sind sie darum noch nicht die höchsten und wichtigsten, denn der Mensch ist auch für ein höheres Leben, für die Ewigkeit be=boren, er ist auch Bürger des Reiches Gottes, das in den irdischen Verhältnissen zur Erscheinung kommt. Für dieses Reich muß er gleichfalls gebildet, für das höhere Leben vorbereitet und fähig gemacht werden. Das ist Aufgabe der Kirche. Da nun diese Erziehung und Bildung zum ewigen Leben schon in der frühen Jugend beginnen muß, so steht die Schule auch im Dienst der Kirche. Sie will sich diesem Dienste nicht entziehen, sondern, wenn auch dem Diener der Kirche der eigentliche Unterricht in der Religion zugewiesen sein muß, wie das in der That bisher

---

*) Siehe v. Lachemair a. a. O., S. 8.

**) Dr. Schmidt, Lehrbuch des gemeinen deutschen Staatsrechtes.

***) v. Lachemair a. a., S. 13 u. 23.

schon der Fall war, auf diesen Religionsunterricht vorbereiten, helfend und unterstützend dem Geistlichen in die Hand arbeiten. Aus dem letztberührten Verhältniß folgert man nun von gewisser Seite, daß die Schule ganz der Kirche angehöre, daß sie nur ein „Annexum", eine „Vorhalle" derselben, eine „Kirche der Kinder" sei, in welcher der Staat nur so viel zu sagen habe, als ihm die Kirche zugestehe. Die Herren Beleuchter der Denkschrift stellen daher die Kirche über den Staat und verlangen von ihm, „die autonome Existenz und Verwaltung der Schule zu achten und zu schützen *)", und muthen ihm zu, die Grund= lage seiner künftigen Entwickelung, ja seiner Existenz bedingungs= los fremden Händen zu überantworten, die ihm doch ohne Zwei= fel mindestens nicht mehr Garantie bieten, als er ihnen. Herr Gaß deutet das dadurch entstehende Verhältniß an, indem er S. 24 seiner Schrift sagt, daß die Seelsorger nur „den Bischöfen und Gott verantwortlich sind **)"; Dr. Huller ist endlich schon das Gesetz vom 10. Nov. 1861 zu freisinnig, weil „dessen Inhalt Prinzipien zu Tage fördert, die nichts weniger als kirchenfreund= lich lauten". Nach seiner Meinung (S. 11) soll die Schule rein kirchliche Anstalt sein, weil sonst „der überwachende Geistliche im eigentlichen Sinne im Verhältniß zur Schule nicht Kirchen= son= dern Gemeindeorgan" sei, und diesem Grundsatze gemäß „nicht die Kirche, sondern die Gemeinde zu bestimmen hätte, welche Lehrkräfte an ihrer Anstalt thätig sein sollen".

Bisher hat in Bayern thatsächlich der Staat das Schulwesen geordnet und geleitet und unter seiner Fürsorge kam es auf den Standpunkt, auf welchem es gegenwärtig steht, außerdem dürfte es etwa so beschaffen sein, wie jenes in Italien, Spanien oder Frankreich. Wir haben daher nicht entfernt die Absicht, auf das Gebiet der Controverse zwischen Staat und Kirche uns zu ver= irren; unsere hohe Staatsregierung wird wissen, was sie den an= geführten Ansprüchen der Herren Beleuchter gegenüber zu thun hat; nur das möchten wir noch bemerken, weil sich gegnerischer Seits darauf bezogen wird, daß der Art. V, Abf. 4 des Concor= dats nur von Ueberwachung der „Glaubens= und Sittenlehre" spricht; davon aber, daß die Volksschule eine kirchliche Anstalt sei, ist mit keinem Worte die Rede, und in dem gleichberechtigten Edikt über die innern kirchlichen Angelegenheiten der protestan=

---

*) Vergleiche Dr. Huller a. a. O., S. 12—16. Wie kann aber von einer „autonomen Existenz" und der Schule die Rede sein, wenn sie ein Annex der Kirche ist? — Sonderbar, die Herren erheben gegen uns den Vorwurf, wir wollten die Schule zu einer „autonomen" machen, während sie von einer „autonomen Existenz" der Schule sprechen.

**) Daher kommt es wohl auch, daß manche Verordnungen, wie z. B. jene über den Schulbesuch und die Absenten, von manchen Schulbehörden nicht beachtet werden?

tischen Gesammtgemeinde im Königreich Bayern heißt es § 14 ausdrücklich: „den untern Consistorien in ihren Bezirken verbleibt, wie schon in früheren Edikten verordnet war, die Aufsicht über den protestantischen Religionsunterricht in den Schulen. Die Aufsicht und die Anordnungen über den übrigen Unterricht, sowohl in den Volksschulen als Studien= anstalten, gehören als ein Staats=Polizeigegen= stand lediglich zur Competenz der Regierungen und des Staatsministeriums des Innern."

Herr Dr. Huller gibt uns auf S. 4—12 seiner mehrerwähn= ten Schrift ein „geschichtliches Verhältniß der Schule zur Kirche" und nöthigt uns damit, auf dieses Verhältniß gleichfalls kurz einzugehen. Die Mühe, die Herr Dr. Huller hierauf verwendet und die dabei an den Tag gelegte Gelehrsamkeit, hätte er sich füglich ersparen können, denn er beweist mit seiner Geschichte ledig= lich n i c h t s. Nach seiner Theorie müßten auch unsere staatlichen und kirchlichen Verhältnisse eine vollkommene Umwälzung erfah= ren. Wie viel hat sich seit dem Reichsabschiede von 1530, seit dem Religionsfrieden von 1555 und seit dem westphälischen Frie= den von 1648, der übrigens nicht allseitig und namentlich nicht vom Papste anerkannt wurde, nicht verändert! Es ist in der That fast lächerlich sich darauf zu berufen und mit solch hölzernen Schwertern zu kämpfen. — Wir bestreiten nicht, daß die Kirche Schulen gegründet; auch nicht, daß in den Kloster=, Stifts= und Pfarrschulen etwa die Anfänge unserer Volksschulen zu suchen seien. Aber von „Volksschulen" im Sinne der Gegenwart war nie und nirgend eine Spur vorhanden; jene Schulen dienten nur dem kirchlichen Zwecke. In Frankreich befahl allerdings Bi= schof Theodolf von Orleans den Pfarrern, die Knaben „in der Wissenschaft" mit aller Anstrengung zu unterweisen, allein mit wenig Erfolg. Karl der Große nöthigte die Geistlichen lesen zu lernen und verwendete sie zu den von ihm gegründeten Schulen; nach ihm kam das Schulwesen wieder in gänzlichen Verfall. Ein Mainzer Concil verfügte vor der Mitte des 9. Jahrhunderts, daß die Kinder in den Kloster= oder Pfarrschulen wenigstens den Glauben und das Vaterunser in der Muttersprache lernen sollten. Vom 12. bis 14. Jahrhundert gingen die Kloster=, Stifts= und Domschulen gleichmäßig wieder ihrem Untergange entgegen. „Indem man nämlich die Kirche und die Priester gar zu sehr in ein jenseitiges Gebiet zu versetzen und von allen welt= lichen Banden loszulösen suchte, so glaubte man, das Schulehalten und Lehren schade nicht allein der Heiligkeit des mönchischen Le= bens und entfremde dasselbe seinen rein geistlichen Uebungen, son= dern es schade auch die Wissenschaft und die geistige Aufklärung der Einfalt und Unbefangenheit des Glaubens." Die Geistlich=

keit selbst gerieth. in den tiefsten Verfall; das Volk in Rohheit, Unwissenheit und Aberglauben, der im 13. Jahrhundert zur „schwellenden Fluth" angewachsen war. Und so blieb es das ganze Mittelalter hindurch. Zwar begegnen uns im Gebiete der Wissenschaft hochgefeierte Namen und ist es besonders der Orden der Benediktiner, welcher seit seiner Gründung (durch Benedikt von Nursia 529) im Dienste der Wissenschaft stand und noch steht, und bei welchem diese eine Zufluchtsstätte und sorgliche Pflege gefunden hat. Aber auch dieser Orden beschäftigte sich fast ausschließlich mit der gelehrten Bildung; doch waren jene Knaben (die pueri oblati), welche in den Bildungs-Anstalten Aufnahme fanden, dem Dienste der Kirche geweiht. Auch der mit Recht so hoch berühmte Rhabanus Maurus beschäftigte sich als primus praeceptor Germaniae mit der gelehrten Bildung. In seiner Schule zu Fulda lehrte er Grammatik, Rhetorik und Dialektik, Arithmetik und Geometrie, Dichtkunst und Musik, Astronomie, Physik, Philosophie und Theologie. Eine allgemeine Volksbildung gab es selbst in den Stadtschulen nicht, d. h. in den Schulen, welche die Städte, nachdem sie durch ausgebreiteten Handel zu Macht und Ansehen gelangt waren, gewöhnlich gegen den Willen der Geistlichkeit und unabhängig von dieser gründeten; auch diese Schulen erhoben sich nicht über ihre beschränkte Zeit und wurden gewöhnlich von fahrenden Schülern, entlassenen Geistlichen oder ausgestoßenen Mönchen versehen, die oft selbst auf der niedersten Bildungsstufe standen. Der berühmte Thomas Plater erzählt in seiner Selbstbiographie, daß er als fahrender Schüler in Breslau in sieben Stiftsschulen nur ein einziges gedrucktes Buch gefunden habe.

Nach der Reformation dachte man allerdings an die Gründung von Schulen und an eigentliche Volksbildung; doch auch selbst Luther beabsichtigte zunächst nur eine religiös-kirchliche Bildung und wollte neben dem Unterricht in der Religion, besonders den Unterricht in den klassischen Sprachen gepflegt wissen, obwohl er hoch von der Schule gehalten hat, wie sein Ausspruch beweist: „Und wenn ich kein Prediger wäre, so weiß ich keinen Stand, den ich lieber haben wollte (als den Schulstand). Man muß aber nicht sehen: wie es die Welt verlohnet und hält, sondern wie es Gott achtet, und an jenem Tage rühmen wird. Wenn ich vom Predigtamt und andern Sachen lassen könnte oder müßte, so wollte ich kein Amt lieber haben, denn Schulmeister oder Knabenlehrer sein. Denn ich weiß, daß dieß Werk nächst dem Predigtamt das allernützlichste, größeste und beste ist, und weiß dazu noch nicht, welches unter beiden das beste ist." Es blieb indessen auch jetzt die Erziehung eine bloß hierarchische, gegen welche schon Montaigne, Baco von Verulam, Locke, Ratichius und Commenius den Kampf begonnen.

Der Unterricht in den Schulen beschränkte sich auf das mechanische Einlernen des Katechismus und der christlichen Hauptwahrheiten, später kam Lesen, Schreiben und Kirchengesang hinzu. So lange der Unterricht auf die kirchlichen Katechisationen beschränkt blieb, ertheilte ihn der Pfarrer, als er sich jedoch erweiterte, wurde der Kirchner, Glöckner oder Küster zu diesem Zwecke benützt. — Was dann die sogn. Philantropinisten: Rochow, Basedow, Salzmann u. A. für das Schulwesen gethan, ist bekannt. Sie suchten schon die Pädagogik zur Wissenschaft zu erheben und zur Bildung von eigenen Lehrern Lehrerseminare zu gründen.

Die eigentliche Volksschule, die deutsche Schule als Unterrichts- und Erziehungsanstalt ist erst durch Pestalozzi und durch die Ausführung seiner Ideen entstanden. Durch ihn fand eine vollständige Umwandlung des bisherigen Erziehungs- und Unterrichtswesens statt. Die bedeutendsten Männer Deutschlands interessirten sich nunmehr, erfaßt von dem Geiste Pestalozzi's, für eine allgemeine und gründliche Volksbildung. Der Staat nahm die Sache in die Hand, gründete Schulen und Seminarien für die Bildung von entsprechenden Lehrern. Männer der Kirche und des Staates wetteiferten, die heilige Sache der Volksbildung zu fördern und die Pädagogik wurde eine selbstständige Wissenschaft. Wenn auch der Eifer nach und nach erkaltete, so erkannte der Staat dennoch fortwährend die Wichtigkeit und Nothwendigkeit einer guten Volksbildung und suchte dieselbe durch entsprechende Gesetze und Verordnungen zu heben und zu fördern, auch mit Aufwand nicht unbeträchtlicher pekuniärer Mittel.

Aus dieser geschichtlichen Darlegung geht hervor,

1) daß die alte Schule, welche sich die Heranbildung der Jugend für den bloß kirchlichen Zweck zur Aufgabe gesetzt, allerdings ein Produkt der Kirche war;

2) daß diese alte Schule jedoch nicht mehr existirt, sondern daß vielmehr eine neue Schule an deren Stelle getreten ist, und daß diese keineswegs mehr ein Produkt der Kirche, sondern des staatlichen Lebens und der wissenschaftlichen Pädagogik ist;

3) daß daher das formelle und materielle Recht fehlt, die Schule geradezu „als ein Annexum der Kirche" anzusehen und zu behandeln; endlich

4) daß die Kirche jedenfalls das Recht der Ueberwachung und Beaufsichtigung der religiösen Seite der Schule und die Pflicht hat, diese Seite selbst gewissenhaft durch Ertheilung des Religionsunterrichtes zu pflegen; daß aber, da die Schulen auch im Dienste des praktischen Lebens stehen und die allgemeine Grundlage der staatlichen Entwickelung bilden muß, die Kirche aber ihre äußere (nicht ihre innere) Gewalt nur vom Staate

empfangen kann: der Staat der Oberherr der Schule ist und sein muß.

Die Kirche ist also ebensowenig die „Gründerin" der Schule, der jetzigen Volksschule, als diese ihr „sorgsam bewahrtes Eigenthum" ist. Wäre dieß der Fall, so läge die Leitung der Schule, die Schulgesetzgebung u. s. w. ausschließlich in den Händen kirchlicher Behörden, und nicht in denen der weltlichen Regierung. Wir sind zwar von unseren Gegnern gewöhnt, sie frisch drauf los Etwas behaupten zu hören; aber gegenüber den seit mehr denn einem halben Jahrhundert thatsächlich bestehenden Verhältnissen gehört etwas mehr denn Muth dazu, zu sagen, die Volksschule sei „das sorgsam bewahrte Eigenthum der Kirche."

Wenn die Kirche „die Mutter der Schule in übernatürlichem Sinne" ist dadurch, daß sie die Kinder der Schule durch die Taufe geboren hat, so ist sie auch Herrin über Staat, Gemeinde und Familie. Eine solche Begründung der Herrschaft ist sicher auch etwas „übernatürlich".

Uebrigens ist dieses Gleichniß — Kirche und Schule im Verhältniß als Mutter und Tochter — nicht mehr zutreffend. Wo eine Mutter ist, da muß folgerichtig ein Vater sein — der Staat — und im Hause führt bekanntlich der Vater das Regiment; wo das nicht der Fall ist, da ist das Verhältniß ein abnormes. Auch hat eine Mutter nicht das Recht, ihre Tochter, wenn sie mündig geworden, fort und fort zu beherrschen, sonst würde die mütterliche Herrschaft zur Thrannei. Herr Dr. Huller behauptet zwar, „die Kirche ist keine Rabenmutter, sie stößt ihr Kind, die Schule, nicht aus dem Hause, um sich einer Last zu entledigen. Unter all' ihren Lasten ist gerade diese ihr die süßeste."

Wie aber, wenn nur von „Herrschaft" die Rede sein kann, die allerdings süß sein soll? Der Schule und besonders dem Lehrerstande blieb dabei gewiß nichts als das Herbe und Bittere. Eine solche Behauptung ist daher weiter nichts als ein Sophisma.

Herr Dr. Huller erkennt zwar S. 9 seiner Schrift an, „daß die Schule ein fast ausschließlicher Gegenstand der staatlichen Fürsorge wurde"; schreibt dieß aber dem „Prinzip der Alles beherrschenden Staatsallmacht" zu, welche „auch im constitutionellen Bayern Eingang und allmäliche Verbreitung gefunden hat." Mit demselben Rechte, mit welchem Herr Huller die Volksschule als ein Annexum der Kirche beansprucht, kann er alle und jede Bildungsanstalt im Staate für dieselbe annexiren.

„Das geschichtliche Recht hat eine unerbittliche Logik." Mit dieser Behauptung schließt Herr Dr. Huller seine historische Darlegung. Wir schreiben diese Logik den Thatsachen zu.

Da die Volksschule im Dienste des praktischen Lebens steht,

so steht sie eben deßhalb auch im Dienste der Gemeinde und der Familie. Diese haben das nächste Interesse an ihr, und eine Gemeinde mit keiner oder einer schlechten Schule ist, wie die Erfahrung lehrt, in jeder Hinsicht schlimm daran. Die Gemeinde aber, als Glied der Kette im staatlichen Organismus erhebt eben deßhalb keinen Anspruch auf ausschließliche Herrschaft über die Schule, und es ist nicht gut gethan, sie indirekt dazu aufzufordern.

Die Denkschrift ist daher im vollen Rechte, wenn sie als Zweck der Volksschule bezeichnet:

„Die Volksschule sei eine öffentliche Unterrichts= und Erziehungsanstalt, welche dem Staate und der Kirche ebensowohl, als der Gemeinde zu dienen, die Jugend religiös=sittlich zu bilden und sie mit den Kenntnissen auszustatten habe, welche das bürgerliche Leben fordert.“

Aus dem Schlußsatze folgert Herr Distriktsschulinspektor Gaß (S. 8 seiner Beleuchtung) durch eine ganz eigenthümliche Logik, daß, weil das bürgerliche Leben gar viele Kenntnisse fordere, die Volksschule sich erweitern müsse zu einer landwirthschaftlichen, Gewerb=, Handels=, Bader=, Hebammenschule u. s. w. Nun ist aber in obigem Passus von der „Volksschule“ die Rede und Jedermann weiß, daß diese berufen ist, dem weitaus größten Theile des Volkes denjenigen Grad von Bildung zu geben, den das bürgerliche Leben erfordert, und daß nicht nur die Bader und Hebammen, sondern auch noch andere Stände hier ihre Grundbildung empfangen. Es denkt jedoch deßhalb Niemand daran, daß die Volksschule den Badern und Hebammen auch die berufliche Bildung zu geben habe.

Nr. 6 der „Wochenschrift der Fortschrittspartei in Bayern“ beanstandet die Bezeichnung „Erziehungsanstalt“ und stellt den Satz auf: „die Volksschule ist keine Erziehungsanstalt;“ „bestimmt ist die Schule zum Lehren und nur zum Lehren.“

Wir sind der festen Ueberzeugung, daß diese Ansicht eine durchaus unrichtige ist und daß der Volksschule, wenn sie bloß zum Lehren und nur zum Lehren bestimmt würde, damit der eigentliche Boden ihrer Wirksamkeit entzogen und sie zu einer Anstalt herunterfinken würde, aus welcher ein glaubens= und gesinnungsloses Geschlecht hevorginge. Wohl hat das Haus, die Familie, die nächste und weiteste Aufgabe für die Erziehung der Kinder.

Aber selbst wenn die erziehliche Thätigkeit der Familie allenthalben eine förderliche wäre, könnte man die Volksschule nicht von der Pflicht der Mitwirksamkeit entbinden; zur unabweisbaren Nothwendigkeit wird aber diese Pflicht gegenüber den faktischen Erziehungsverhältnissen des Familienlebens. Wer da weiß, in welchem Zustande sich in — wenn nicht den meisten, — doch sehr vielen Familien die Erziehung befindet, der muß davon überzeugt sein, daß man einer Anstalt bedarf, welche die Erziehung nicht bloß fortzusetzen und zu ergänzen, sondern sie in vielen Fällen erst zu begründen, ja eine oft ganz verkehrte häusliche Erziehung zweck= mäßig zu verbessern die Aufgabe hat.

Wollte man die Erziehung ganz allein dem Hause überlassen, dann bedürften wir ganz anderer Väter und Mütter, als wir sie derzeit, namentlich unter dem weitaus größten Theile unserer Landbevölkerung besitzen. Die Erziehung muß nach bestimmten und richtigen Erziehungsgrundsätzen geschehen, und diese bedingen vor Allem eine genaue Kenntniß des kindlichen Geistes und seiner Entwickelungsgesetze. Diese Kenntniß aber findet man zur Zeit in den wenigsten Familien. Dazu kommt, daß sehr viele Fami= lien bei der Sorge um das leibliche Fortkommen, bei dem fort= während en Kampf mit des Lebens Noth nicht einmal Zeit finden, sich um eine eigentliche Erziehung ihrer Kinder zu bekümmern. Darum muß die Schule als Erziehungsfaktor eintreten und als solcher planmäßig nach festen Grundsätzen auf das Geistesleben des Kindes einwirken, die Seelenkräfte zu entfalten und in Ein= klang zu bringen suchen, dem Bösen hindernd in den Weg treten, dem Guten helfend, fördernd und stützend zur Seite stehen. Der Unterricht ist daher stets Mittel der Erziehung; beide gehören zu= sammen und stehen in inniger Wechselbeziehung. Wenn die Volks= schule bisher in diesem Sinne noch ihrer Aufgabe nicht gerecht geworden ist, so liegt die Ursache in dem Umstande, daß die Leh= rer selbst noch nicht genug zu Erziehern gebildet werden. Doch davon weiter unten.

Die Volksschule kann aber nur wahrhaft erziehend wirken auf dem Boden des wahren, positiven Christenthums und sie hat entschieden die Aufgabe, die Jugend religiös=sittlich zu bilden. Sie ist sich dieser Aufgabe bewußt und glaubt, die Verantwortung dafür tragen zu können. Das weiche, bildsame Herz der Kinder ist am ehesten noch empfindlich für die Stimme Gottes, für Glaube und Liebe. Oder sollte der Lehrer, wenn er nicht zugleich Erzieher ist, gleichgiltig sein, gegen gar manches Laster, das wenigstens im Keime bereits vorhanden ist? Gleichgiltig gegen Lüge, Heuchelei, Bosheit, Verleumdungssucht, Diebssinn oder andere böse Wurzeln? Nein, die Schule muß dem Allen entgegen treten und zwar mit der Waffe der Erkenntniß Gottes, mit der Kenntniß seines Wortes, seines Willens und seiner Liebe. Ja, die Volksschule ist nicht bloß Unterrichts=, sondern auch Erziehungs=Anstalt und gerade darin liegt ihre hohe Wichtigkeit und ihre weitgehende Bedeutung. Hört die Schule auf, Erziehungsanstalt zu sein; wird sie zur bloßen Unterrichtsanstalt degradirt, dann sinkt sie zu einer Dressur= Anstalt herab und wir führen unser Volk einem socialen und sitt= lichen Abgrunde entgegen.

Die Jugend für das irdische und für das ewige Leben zu unterrichten und zu erziehen, sie mit Kenntnissen auszurüsten, welche das praktische Leben fordert, Verstand, Willen und Gefühl auf das Edle und Gute zu lenken, die Flamme heiliger Gottes= liebe zu entzünden und zu nähren ist allerdings eine hohe und schwere Aufgabe; aber die Schule wird sie lösen, wenn auch nicht vollkommen, so doch mehr oder minder genügend, gibt man ihr nur die Bedingungen der Möglichkeit. Wer gibt Bürgschaft, daß sie dieser Aufgabe entspricht? Hr. v. Lachemair erörtert auf Seite 10—13 diese Frage und kommt zu dem Schlusse, daß diese Bürg= schaft weder die Schule, noch auch der Staat, sondern nur die Kirche gebe. Wir können nicht so schnell hin daran glauben. Die Geschichte lehrt uns, daß die Kirche mehr als einmal in einem Zustande war, in welchem sie diese Gewähr unmöglich hätte geben können. Haben Staat und Kirche die rechten Grundlagen ihres Gedeihens, sind die Bedingungen zur Erreichung ihrer Zwecke in ausreichendem Maße gegeben, so werden sie durch ihre eigene, innere Lebenskraft diese Zwecke erreichen. Warum nicht auch die Schule, wenn sie die Mittel hiezu erhält? Und diese sind: Selbst= ständigkeit auf legalem Boden und ein tüchtiger Lehrerstand.

Die Denkschrift will, daß die Volksschule sich gliedere in eine Elementar= (Werktags=) und Fortbildungsschule.

Unsere Gegner, namentlich Hr. Gaß, halten eine eigene Fort= bildungsschule für überflüssig, weil unsere Sonn= und Feiertags= schulen für den Zweck der Volksbildung vollkommen ausreichen. Daß unsere Sonntagsschulen diesem Zwecke, überhaupt den von ihnen gehegten Erwartungen nicht entsprechen und in ihrer der= zeitigen Form nicht entsprechen können, bedarf keines Beweises. Die Sonntagsschule muß sich auf die Wiederholung des in der Werktagsschule Gelernten beschränken, und da gerade für diese Schule viele Unterbrechungen stattfinden müssen, so ist selbst dieser Unterricht ein unvollkommener. Kurz und treffend bezeichnet ein Schulmann den Erfolg der Sonntagsschule mit den Worten: „Wenn unsere Kinder Lesen und Schreiben gelernt, entlassen wir sie aus der Werktagsschule, und wenn sie es wieder vergessen haben, aus der Sonntagsschule." Und doch könnte in der Zeit vom 13. bis zum 18. Jahre Vieles für eine entsprechende Volksbildung geschehen. Freilich müßte bei der größeren Reife des Verstandes auch der Unterricht ein ganz anderer werden. Soll dieser und die in der Werktagsschule begonnene Erziehung ein Ganzes und dauernd werden, dann bedürfen wir der Fortbildungsschulen. „Ohne sie ist die Volksschule ein unvollendetes Kunstwerk, ein Haus ohne Dach, ein Baum ohne Gipfel." Wir besitzen ohne sie höchstens ein Bruchstück der Volksbildung, „das Wichtigste fehlt, und nichts desto weniger sollen die Leistungen vollständig sein, wie lächerlich! Um diese thörichte Aufgabe zu lösen, mußte man gegen die normale Entwickelung der Kindesnatur, also unpsychologisch verfahren, und die Kinder mit einer Bürde von Kenntnissen, Fertigkeiten und Schularbeiten überladen, so daß als natürliche Folge oberflächlicher, fehler= und lückenhafter Unterricht entstehen mußte. Wo soll da die Nachhaltigkeit herkommen? Diese gewaltsam aufgetriebenen Blüthen müssen nach dem Laufe der Natur bald wieder welken, also Rückgang und endlich gar Verlust des geistigen Eigenthums zur Folge haben, wenn nicht Weiterbildung eintritt. Ohne Errichtung von Fortbildungsschulen für Knaben und Mädchen sind die Bestrebungen der Volksschule illusorisch, sie sind die wichtigsten und unentbehrlichsten Anstalten zur Förderung der Civilisation!*)

Herr Gaß findet den Vorschlag, „daß Kleinkinderschulen der Ortsschulpflege zu unterstellen seien," komisch, weil das Eingreifen in Unterricht und Disciplin weder der Ortsschulpflege noch dem vorsitzenden Pfarrer zustehen soll und es sich frage, wie „die schädliche Behandlung des kindlichen Geistes, die in solchen Schulen Platz greifen könne, abgewendet werden soll." Wir unsrerseits finden es mehr als komisch, daß ein Distriktsschulinspektor, ein „Pädagog ex professo" gar keinen richtigen Begriff von Kleinkinderbewahranstalten, Kleinkinderschulen oder Kindergärten hat. Aber freilich, Fröbels und andere hieher gehörige Schriften gehören nicht zum Studium der Pädagogik!

Daß der in der Denkschrift (S. 9) gestellten Bitte, es möchte in Filialdörfern die bisher mit einem Schullehrer besetzte Stelle erst dann mit einem Verweser bestellt werden, wenn die Schülerzahl nach 5jährigem Durchschnitt nicht unter 25 sinkt und die Gemeinde den Minimalgehalt nicht aufzubringen vermag; daß bei demselben Durchschnitte die Stelle mit einem Schullehrer besetzt werden möge, wenn die Zahl der Schüler auf 40 gestiegen ist; daß ein Gehilfe bei 80 Schülern beigegeben werden möge, — das Prinzip unterliege: „die Gemeinden sind der Lehrer wegen da und diejenigen, welche zahlen können, müssen am meisten herhalten, wenn sie auch nicht wollen," ist eine unwürdige Verleumdung. —

Heftigsten Widerspruch erfahren die Anträge S. 6. der Denkschrift:

„daß einer Gemeinde zur Zeit für die verschiedenen Confessionen errichteten gesonderten Schulen der confessionelle Charakter belassen werde;"

„daß sie durch gemeinschaftlichen Beschluß der verschiedenen Confessionsverwandten bei der k. Regierung eine Aenderung

---

*) Pädagogische Bausteine von Gustav Fröhlich.

bezüglich des Schulverbandes in der Richtung auf Confessionalität beantragen könne."

Den folgenden Satz und dessen Begründung:

„daß in Orten mit Einwohnern verschiedener Confession, in welchen für die Confessionsverwandten der Minderzahl keine eigene Schule besteht, den Eltern die Wahl zu lassen sei, ob sie ihre Kinder in die Ortsschule oder in eine benachbarte Schule ihrer Confession schicken, oder ob sie eine`eigene Confessionsschule begründen wollen" . . . — hat man als nicht mehr passend weggelassen, denn mit diesem Satze beweist die Denkschrift, daß sie keiner Confession irgendwie zu nahe treten will.

Herr Dr. Huller sagt S. 17 seiner Schrift: „Regierung und Kammern haben keine Gewalt, das Gewissen und die Seelen zu beherrschen." Kommt diese Gewalt und dieses Recht der Kirche zu? Und wenn nicht, so muß eine confessionell gemischte Gemeinde das Recht haben, über eine Confessionsschule auf legalem Wege und an geeigneter Stelle ihren Willen auszusprechen, denn wenn man in anderer Beziehung das Recht der Familie an der Schule — das wir nirgends bestreiten — so sehr betont, so muß ihr auch hier freie Wahlbestimmung gewahrt bleiben. Aber freilich in diesem Punkt wollen die Herren Gegner von der Freiheit der Gemeinden und Familien nichts wissen, wohl aber von Aufhebung des Schulzwanges; Niemand hat nach ihrer Theorie eine zwingende Gewalt, als die Kirche. — Früher bestanden auch in Bayern vielfältig Simultanschulen und keine Gefahr für die Religion ist daraus entwachsen, nicht einmal der gefürchtete Indifferentismus; ruhig und friedlich lebten die verschiedenen Confessionsverwandten neben einander. Je mehr aber die Geistlichkeit sich der Schule bemächtigte, desto mehr verschwanden diese Schulen und vielfältig ist an die Stelle des Friedens confessioneller Zank und Hader getreten.

Uebrigens hat die Denkschrift mit den angefochtenen Sätzen nur einen Ausnahmsfall berührt und Simultanschulen nicht beantragt. Da es nun aber sogar Ordensschwestern gibt, welche an solchen Schulen wirken, so bemerken wir zur Klärung der Sache folgende Thatsache:

In einem schwäbischen Marktflecken wird die Knabenschule von Katholiken, Protestanten und Juden besucht; die Mädchenschule ebenfalls unter Leitung englischer Fräulein. Außerdem besteht daselbst eine höhere Töchterschule,. bei deren Eröffnung von gleichfalls solchen Ordensfräulein ausdrücklich erklärt wurde, daß Töchter der Katholiken, Protestanten und Juden in dieser Schule Aufnahme finden.

Sind nun diese Lehrerinnen auch gezwungen, „religions- und bekenntnißlos" zu sein? Warum wirken diese an Schulen, wo sie „offenbar von Religion nichts sagen dürfen," und nicht reden von

dem, was das Herz bewegt?" — Wir zweifeln indeß, ob die Herren
Gegner nach der Einführung der Gewerbefreiheit und der Frei=
zügigkeit die Errichtung von Simultanschulen werden aufhalten
können.

Es ist erfahrungsgemäße Thatsache, daß ein großer Theil der
Geistlichkeit für die Einführung der Institute von Schulbrüdern und
namentlich der Schulschwestern ungemein thätig ist, daß für Heran=
bildung und Einführung derselben große pekuniäre Opfer gebracht
worden sind, und daß man selbst gegen den Willen mancher Gemeinden
von der weiblichen Schule Besitz genommen hat. Um die Gemeinden
zu deren Einführung günstig zu stimmen, wurden ihnen bisher nicht
gekannte Erleichterungen gewährt. Gar viele Schullehrer sind
noch gezwungen, in oft schlechten, elenden, der Gesundheit der Be=
wohner wie jener der Schuljugend nachtheiligen Gebäuden zu
wohnen, die Gemeinde hat entweder nicht den Willen, oder nicht
die Mittel, ein anderes Schulgebäude herzustellen; den Schul=
schwestern wurden allerwärts entsprechende Wohnungen eingeräumt
und in den meisten Fällen neue erbaut. Während man die Bitten
der Schullehrer um eine Gehaltszulage, oder um Verbesserung der
Wohnungen regelmäßig mit dem: „Wir haben kein Geld!" abwies,
gab es für die Einführung der Schulschwestern allezeit Geld.
Daß dadurch viele Schulstellen verringert und auf den bloßen
Minimalgehalt herabgedrückt wurden, ist bekannt. Das Urtheil
über den wirklichen Werth dieser Institute können wir getrost der
Zukunft überlassen; die Früchte derselben werden sich in nicht zu
ferner Zeit zeigen und da und dort gehen sie bereits ihrer Reife
entgegen. Es liegt in der Natur der Sache, daß die Erziehung
und Bildung in diesen Instituten eine einseitige wird. Die an=
geblich glänzenden Prüfungsresultate derselben, beweisen nichts für
ihren Werth. Wie die Dinge liegen, müssen die Prüfungen glänzend
ausfallen.

Ihr Bedürfniß wird durch die Nothwendigkeit der Trennung
der Kinder auch in der Schule nach dem Geschlechte motivirt.
„Das sechs= oder siebenjährige tägliche Zusammensein von Kin=
dern beiderlei Geschlechts macht die Geschlechter nicht gleich=
giltig gegen einander, wie behauptet werden will, sondern dient
nur dazu, allzufrüh Gefühle zu wecken, welche noch lange hätten
schlummern sollen. Zudem muß die Handhabung der Zucht und
die Charakterbildung eine andere sein bei Erziehung von Knaben,
eine andere bei Erziehung von Mädchen." (Dr. Huller S. 35.)
Die Richtigkeit des letzten Satzes wird nicht bestritten; er enthält
eine nicht erst von Herrn Huller gefundene, sondern eine längst
bekannte und allgemein geübte Wahrheit. Der Behauptung, „daß
Männer nur von Männern, Frauen nur von Frauen erzogen
werden," widerspricht Natur, Geschichte und Erfahrung. Aber

Herr Huller bedarf dieser Behauptung, um zu dem Schluffe zu kommen, die Leitung der weiblichen Schulen sei weiblichen Lehrerinnen zu übergeben, „welche allein das Geschick (?) zu diesem Geschäfte haben und wir werden dafür Dank von der Familie und Gesellschaft ernten." (Es ist nur zu bedauern, daß dieser Dank sich schon jetzt mehr und mehr verringert.) In den protestantischen Schulen ist das Institut der Schulschwestern nicht eingeführt und werden Knaben und Mädchen zusammen von dem Lehrer unterrichtet. Ein Nachtheil für die Sittlichkeit hat sich daraus bis jetzt nicht ergeben, was die Statistik über die unehelichen Geburten 2c. beweisen dürfte *).

Zur weiteren Begründung der Einführung von Schulschwestern führt Herr Dr. Huller endlich noch an:

„Und wenn von so manchen Mitgliedern des Lehrerstandes durch diese Maßregel eine große Schmach und von Vielen eine starke Versuchung abgewendet wird, kann früher oder später der Dank auch von dieser Seite nicht ausbleiben."

Wir bezeichnen die Argumentation als eine hämische Verleumbung und Verdächtigung des Lehrerstandes. Auch Herr Gaß bedient sich S. 24 seiner Beleuchtung der gleichen Waffen; sie sind aber unehrlich und unsittlich und keines rechtschaffenen Mannes, der Gefühl für Ehre und Wahrheit hat, würdig. Zudem lehrt die Erfahrung, daß auch die Pädagogen „ex professo" von der angedeuteten „großen Schmach" und zwar nach der Volksstimme noch mehr als der Schullehrerstand heimgesucht werden und es wäre daher auch hier am Platz, die „starke Versuchung" von ihnen abzuwenden **).

_____

*) Wenn man den Grundsatz als richtig anerkennen wollte, daß „Frauen nur von Frauen" erzogen werden können, dann müßte man consequenter Weise auf dem Lande alle Schulen nach dem Geschlechte trennen. Solches war bisher nicht der Fall; — und doch kann die Landbevölkerung in Bezug auf Moralität der Stadtbevölkerung nicht nachgesetzt werden. Man sieht, was es mit derlei tendenziösen Phrasen in concreto für eine Bewandtniß hat. Dagegen läßt sich aus der Erfahrung behaupten, daß einseitig weibliche Erziehung meist ein verfehltes Resultat erzielt.

**) Der schon erwähnte Chilianeums=Mann, der im Beschimpfen, Lügen und Verleumden das Unglaublichste geleistet hat, bringt gegen die Verfasser der Denkschrift folgende Citation:

„Nachdem er, wie das Kätzlein schmächtig,
Das um die Feuerleitern schleicht,
Sich leis dann um die Mauern streicht;
lange „um den Brei herumgegangen!"
Ihm ist's ganz tugendlich dabei,
Ein bischen Diebsgelüst, ein bischen Rammelei."

Und Seite 167 der „Blätter für Wissenschaft und Kunst" folgende Stelle: „Nur Halbgebildete einerseits, deren Verstand noch überdieß über ihre Nase geht, oder Solche, die das Privilegium der Vielweiberei und anderer Freiheiten schon von ihren Stammvätern aus ererbt haben, können einer solchen ecklen Mengerei — (der Simultanschulen) wenn auch aus weiter Ferne — das Wort reden!"

Bezüglich der äußern Schulordnung wird von Herrn Gaß die bisherige Art der Schulprüfungen, besonders der außerordentlichen, in Schutz genommen, die Begründung der Denkschrift aber gegen die letzteren (S. 16 u. 17) nicht widerlegt, wie sich denn die Herren Beleuchter mit dem Widerlegen überhaupt wenig befassen. Herr Dr. Huller will sogar (S. 32 seines Votums) „zwei Hauptvisitationen in jedem Jahre und wo es noth thut, auch einige außerordentliche". Es entsteht zunächst die Frage: Wo thut es noth, daß an einer Schule jährlich 3, 4 auch 5 Prüfungen stattfinden? Offenbar da, wo der geistliche Herr Inspektor mit dem Lehrer nicht zufrieden ist, wo der Lehrer sich nicht willenlos unter das geistliche Joch beugt, wo der Unterricht nicht nach der beliebten Schablone, sondern etwa nach selbstständiger Ueberzeugung und nach pädagogischen Grundsätzen ertheilt würde. So würden die Prüfungen nicht mehr dazu dienen, das Resultat der Leistungen und den Stand der Schule kennen zu lernen; sie würden dem fleißigen und tüchtigen Lehrer nicht mehr Anerkennung und Ermunterung, dem lässigen Antrieb und Ermahnung bringen, sondern sie würden bei der angestrebten geistlichen Omnipotenz zur furchtbaren Tyrannei werden und der Lehrer, der sich eine solche gefallen ließe und nicht lieber sein kärgliches Brod im Taglohn verdiente, müßte ein erbärmliches Subjekt sein. Vom pädagogischen Standpunkte aus ist dieser Vorschlag ein Unsinn. — Und wenn man sich nicht zutraut, pflichttreue, einer so ungeheuerlichen Prüfungsquälerei nicht bedürfende Lehrer heranzubilden, so möge man die Lehrerbildung in andere Hände legen.

Die Trennung der Schüler nach dem Geschlecht haben wir bereits besprochen, und da die Gründe der Denkschrift (S. 19) für das gemeinschaftliche Unterrichten der Knaben und Mädchen nicht widerlegt wurden, so dürfte auch der daselbst ausgesprochene Wunsch noch fortwährend seine Berechtigung haben. Der Vorschlag „das Indult der halben Schulen auf dem Lande während der Sommermonate abzuschaffen", ist gut; nur dürfte er mit Rücksicht auf die bestehenden Verhältnisse kaum durchzuführen sein. Die Lehrer würden eine solche Maßregel im Interesse der Förderung der Volksschule nur begrüßen, schon deßhalb, weil dann nicht eine zu große Arbeitslast auf das Wintersemester treffen würde.

Die Abhaltung der Unterrichtsstunden für die Fortbildungsschule während des Winters in wöchentlich 4 Abendstunden findet

---

Einen Menschen, der einer solchen Sprache und einer solch' gemeinen und schmählichen Beschimpfung fähig ist, und damit Anstand und Sitte mit Füßen tritt, ist nur — verächtlich. Uebrigens sollten diese Herren mit derlei Beschuldigungen etwas vorsichtiger sein, weil wir im Stande sind, sie durch gerichtlich erhärtete Thatsachen reichlich zurückzugeben.

man bedenklich und wittert darin sogar Gefahr für Ordnung und
Sittlichkeit. Wir glauben das nicht. Je mehr die Jugend ge=
bildet wird und je mehr sie Geschmack findet an edlern geistigen
Gütern, desto mehr werden Rohheit, Unordnung und Unsittlichkeit
schwinden, desto mehr wird wildes Toben, Schreien, das Absingen
unsittlicher, wüster Lieder zur Nachtzeit sich vermindern und end=
lich ganz verstummen. In Württemberg, wo diese Nachtschulen
gesetzlich eingeführt sind, hat sich wenigstens der befürchtete Nach=
theil für Ordnung und Sittlichkeit nicht gezeigt.

„Die Unterrichtsgegenstände der Elementarschule, also
den Lehrinhalt derselben anlangend, so gebührt in Anbetracht des Zweckes,
das Kind frühzeitig auf das Endziel unseres Daseins, auf das höhere Leben
in der Gemeinschaft Gottes hinzuleiten, seiner ganzen Lebensrichtung die Weihe
des Göttlichen zu geben, es dadurch in die sittliche Welt einzuführen, ihm feste,
auf der gottgeoffenbarten christlichen Wahrheit ruhende Grundsätze zur Ausge=
staltung seines inneren Lebens, wie zur richtigen Erfassung seines Verhältnisses
zu Gott und zu seinem Nebenmenschen einzuprägen ohne alle Frage dem Re=
ligionsunterricht mit biblischer Geschichte die erste Stelle.“
(S. 26 u. 27 der Denkschrift.)

Damit ist wohl entschieden erklärt, daß die bayer. Lehrer die
Volksschule nicht entchristlichen, die Religion nicht aus der Schule
haben wollen*). Es muß auffallen, daß die Herren Beleuchter
diese Erklärung durchgehends verschwiegen haben. Aber freilich,
wenn die Schullehrer als religionslose Freimaurer erscheinen sollen,
so kann man eine solche Erklärung um so weniger gebrauchen, je
mehr bestimmt und unzweideutig sie niedergelegt ist. Daher muß

*) Wir erlauben uns hier ein Urtheil des „Monatsblattes für kath. Unterrichts=
und Erziehungswesen,“ Münster, Verlag der Theissing'schen Buchhandlung, 1865,
erstes Heft, anzufügen, das man der Parteilichkeit nicht wird beschuldigen können.
S. 28 heißt es daselbst:
„Der bayerische Volksschullehrerverein hat auf seiner zweiten Generalversamm=
lung zu Regensburg ausdrücklich erklärt, daß er der Emancipation der Schule von
der Kirche nicht das Wort rede. Es heißt wörtlich in seinem Schlußwort: „Die
Vertreter der Kirche werden einsehen müssen, daß wir, obschon ohne Unterschied der
Confession wirkend und ohne den geschichtlichen Unterschied der Confessionen verwischen
zu wollen, festhalten am Christenthum und zwar keineswegs an einem verschwomme=
nen Humanitätschristenthum, sondern am positiven Glauben, daß es demnach
eine bodenlose Verdächtigung sei, von einem Streben nach
Entchristlichung der Schule zu sprechen.“ Solchen Bekenntnissen gegen=
über muß es beklagt werden, daß im Volksboten und in der A. Postzeitung die Be=
strebungen der Lehrer so heftig angegriffen werden. Die Köln. Blätter befürchten mit
Recht, die Lehrer möchten dadurch leicht ganz in das Lager der religionslosen Re=
formler getrieben werden. Wir bezweifeln, ob die sonst vortreffliche Schrift Lache=
mair's, die wir besonders angezeigt haben, und welche die Beibehaltung des geist=
lichen Schulinspektorats gut vertheidigt, zur Beruhigung beitragen werde, da sie die
Urheber der „Denkschrift“ den Radikalen zu nahe stellt.“ Was wird erst das „Mo=
natsblatt“ zu den Schriften eines Gaß, Huller, Aufbauser, was namentlich zu dem
Kunstblatt „Chilianeum“ und zu dem Pamphlete der allergewöhnlichsten Art: „Die
Lärmrufe der pädagogischen Feuerreiter,“ das die vollständigste Unwissenheit
(um nicht mehr zu sagen) in pädagogischen Dingen an den Tag legt, sagen? —

die für den Religionsunterricht festgesetzte Zeit von 2 Stunden
wöchentlich dem unwürdigen Zwecke der Verdächtigung dienen.

Schon bisher hatte den eigentlichen Religionsunterricht der
Geistliche in wöchentlich 2 Stunden zu ertheilen; die Lehrer wa=
ren nur verpflichtet, auf denselben durch Einübung des religiösen
Gedächtnißstoffes und Erklärung desselben vorzubereiten, und durch
den Unterricht in der biblischen Geschichte mitzuwirken. Wenn
an sehr vielen Orten der Geistliche sich bis zur Ertheilung des
speciellen Beicht= und Confirmandenunterrichtes um den allge=
meinen Religionsunterricht in der Schule wenig oder nichts be=
kümmerte und diesen dem Lehrer überließ, so ist es unbegreiflich,
daß nicht schon längst das Christenthum „mit der Wurzel ausge=
rottet" und das Volk vollständig „corrumpirt", daß nicht schon
längst die Demokratie zur Herrschaft gekommen und Staat und
Gesellschaft umgestürzt wurde. — Unsere Gegner reden so viel von
Logik und werfen der Denkschrift einen gänzlichen Mangel der=
selben vor. Es ist daher sehr auffallend, daß ihnen in ihren sog.
Beleuchtungen die Logik im Eifer sehr oft gänzlich abhanden
kommt. Das ist namentlich der Fall bei der Behauptung, daß
die Lehrer sich der Ertheilung des Religions=Unterrichtes ganz ent=
ziehen und dem Geistlichen zuweisen, ja ihn auf 2 Wochenstunden
beschränkt wissen wollen.

Wenn es diesen Herren so sehr um die Pflege des Christen=
thums in der Schule zu thun ist, warum ertheilen sie dann den
Religions=Unterricht nicht selbst? Warum wollen sie denselben
dem „halbgebildeten, ja nicht einmal halbgebildeten" Lehrer, der
nichts als „den Katechismus gelernt hat", aufbürden, und auch
hier in der Schule und für dieselbe nichts thun als inspiciren
und herrschen und doch am Ende des Jahres ein glänzendes Zeug=
niß im Prüfungsprotokoll über die Ertheilung des Religions=
unterrichtes sich geben lassen? Man sollte doch denken, wenn
Gefahr für die christliche Religion, für Glauben und Sittlichkeit
durch die Schullehrer vorhanden ist, so müßte es für die Geist=
lichkeit dringendst geboten sein, den wichtigsten Unterrichtsgegen=
stand, den Religionsunterricht, selbst in die Hand zu nehmen und
nicht Jahr für Jahr Männern zu überlassen, denen — wie dieß
wenigstens von den Herren Beleuchtern geschieht — man alle
möglichen sittliche und intellectuelle Mängel zur Last legt, und
die man daher für eine ganz niedere Menschenklasse hält und mit
der ausgesuchtesten Verachtung behandelt. Und doch soll, wenn
diese nicht mehr zur Ertheilung des Religionsunterrichtes in der
Volksschule förmlich verpflichtet sind, der christliche Charakter der
Schule aufgehört haben und „dem modernen Heidenthum" Thür
und Thor geöffnet sein! Welch' ein Widerspruch! Wenn die
Kirche ein „göttliches Recht" an die Schule hat durch den Auf=

trag Christi: „Weide meine Lämmer!" warum wollen die Geist=
lichen — denn „die Kirche wird ja sichtbar repräsentirt durch ihre
Geistlichen" — sich diesem Auftrage nicht persönlich und ganz
unterziehen?

Die Denkschrift hat auch hier nichts Neues aufgestellt, son=
dern nur die gesetzliche Sanction von etwas bereits Bestehendem
gewünscht. Das nennt nun ein Herr Lokalschulinspektor S. 10
seiner Beleuchtung eine „schnöde Behandlung der Religion"; „der
Kirche und ihrer Geistlichkeit klinge das wie wahrer Hohn, wenn
nebenbei gethan wird, als solle der Kirche ihr unbestrittbares
Recht nicht verkümmert werden", und kommt zu dem gewiß son=
derbaren Schluß: „Vielleicht soll dieß der Kuß sein, mit welchem
die Kirche sammt ihrer Geistlichkeit an den modernen Staat über=
antwortet werden soll!" — Solche und ähnliche Aussprüche der
Beleuchter führen zu verschiedenen und ernsten Betrachtungen,
denen sich auch Staatsmänner und Volksvertreter nicht werden
entschlagen können. — Die Verfasser der Denkschrift wollten nicht
nur einen bisher verordnungsmäßig bestehenden Zustand in Betreff
des Religionsunterrichtes nicht antasten, sondern sie waren auch des
guten Glaubens, dadurch, daß dem Geistlichen der eigentliche Reli=
gionsunterricht zugewiesen werden soll, dem Rechte der Kirche
nicht im mindesten nahe zu treten. Allein die Sache verhält sich
anders. „Die Ertheilung des Religionsunterrichtes kann nur von
der Kirche ausgehen", und da der Lehrer auch Religionslehrer sein
muß, so steht er nur unter der Leitung und Beaufsichtigung des
Geistlichen, ist dessen Gehilfe und Diener, hat daher auch weder
eine rechtliche noch amtliche Stellung, und die Schule ist dann
allerdings vollständig ein Annexum der Kirche, über welches der
Staat nur so viel Gewalt hat, als ihm die Geistlichkeit zugestehen
will. Das ist der Kernpunkt der Sache.

Man klagt so oft und häufig über den Geist und die Richtung
unserer Zeit, über den immer weiter um sich greifenden sittlichen
Verfall, über den alles beherrschenden Materialismus u. s. w., und
bürdet auch hier der Schule einen großen Theil der Schuld davon
auf. Wir wollen nicht untersuchen, in wie weit solche Klagen
begründet sind oder nicht, und in wie weit, wenn sie begründet
wären, der Schule eine Schuld zugemessen werden könnte. Sind
sie aber begründet, so ist das jedenfalls eine höchst beachtenswerthe
Erscheinung, denn noch nie wurde dem Religionsunterricht so viel
Zeit in der Volksschule zugewendet, noch nie war derselbe eine
solche Masse religiösen Unterrichts= und Gedächtnißstoffes zuge=
wiesen, als in der Gegenwart. Es dürfte also auch hier etwas
faul sein und man wird nicht anstehen, die Schuld auf die Lehrer
zu werfen; ob dies gleich schon um deßwillen nicht zulässig er=
scheint, weil ja die Lehrer als „dienende Klasse" nur nach von

oben empfangener Vorſchrift arbeiten dürfen. Indeſſen ſie wollen und können dieſe Schuld dann ſich aufbürden laſſen, wenn die Geiſtlichen, wie das unzweifelhaft ihre Verpflichtung iſt, einmal den Religionsunterricht ſelbſt ertheilen und ſich dann ein anderes und beſſeres Reſultat für Glaube und Sitte, für religiöſe Geſinnung und religiöſes Leben überhaupt herausſtellt. Mangel an Zeit von Seite der Geiſtlichen zur Ertheilung dieſes Unterrichtes vorzuſchützen, wie es der oben erwähnte Lokalſchulinſpektor S.»13 ſeiner Beleuchtung thut, dürfte nicht am Platze ſein, da eine ober= flächliche Beobachtung Jeden das Gegentheil lehrt, und da ja auch die Schule — „ſein (des Geiſtlichen) Augapfel" iſt.

Endlich iſt es die dem Religionsunterrichte zugewieſene Zeit — wöchentlich z w e i Stunden —, welche die heftigſte Anfechtung erfährt. Es ſoll vielmehr der ganze Schulunterricht dieſem einen dienſtbar gemacht und der eigentlichen „Religionslehre je e i n e Stunde des Tages gewidmet werden, und zwar die erſte Morgen= ſtunde, damit dieſem wichtigſten Lehrgegenſtande ſein gebührender Vorrang und Einfluß auf den Geſammtunterricht geſichert, und das ganze Tagewerk der Schule vom Geiſte der Religion die Weihe und Richtung empfange." (Dr. Huller S. 34.) Das macht wöchentlich 6 Religionsſtunden; dazu kommen m i n d e ſ t e n s 2 Stunden für den religiöſen Memorirſtoff und m i n d e ſ t e n s 2 Stunden für die bibliſche Geſchichte, in Summa wenigſtens 10 Stunden für den Religionsunterricht. Da nun Herr Huller die Unterrichtszeit im Winter und Sommer auf täglich 4 Stunden beſchränkt wiſſen will, ſo würde auf den Religionsunterricht nahezu die Hälfte der Schulzeit zu verwenden ſein und es blieben für alle übrigen Unterrichtsgegenſtände höchſtens 14, beziehungsweiſe (wenn der Samstag=Nachmittag frei iſt) 12 Stunden. Daß in dieſer beſchränkten Zeit in manchen Unterrichtsgegenſtänden wenig oder nichts könnte geleiſtet werden, bedarf nach dieſer Darlegung keines Beweiſes mehr. Dazu ſoll (nach Dr. Huller) „der lehrhafte Inhalt der bibliſchen Geſchichte mit der Katecheſe verbunden und die memorielle Aneignung deſſelben in das Gebiet der Gedächtnißübungen verwieſen werden." Wehe dann aber den armen Kleinen, wenn ihr Gedächtniß auch noch dieſes Material bewältigen ſoll. Auf dieſe Weiſe wird den Kin= dern die Religion nicht zur Luſt und Herzensſache, ſondern zur Qual und kein Unterricht wird an ihrem Geiſte ſpurloſer — wie das ſo häufig ſchon jetzt der Fall iſt — vorübergehen, als der Religionsunterricht. Wer aber ſo etwas als „Reformvorſchlag" aufſtellen kann, der beweiſt dadurch nur, daß er kein Pädagog, am allerwenigſten „ein Pädagog ex profeſſo" iſt. — Will man den geiſtigen Fähigkeiten des Kindes, dem Maß ſeiner Kräfte und den Entwickelungsgeſetzen des kindlichen Geiſtes die gebührende

Rechnung tragen — und das muß ja doch wohl der Pädagog —
dann muß jeder Unterrichtsgegenstand mit Rücksicht darauf, also
auch mit dem rechten Maß und Ziel behandelt werden. Dieses
Gesetz gilt wie allem, so auch dem Unterrichte in der Religion.
Würde er aber in der vorgeschlagenen Weise behandelt, dann würde
ohne Zweifel dieser wichtigste der Unterrichtsgegenstände anstatt
zur Grundlage des geistlichen und sittlichen Lebens nur dazu
dienen, den Geist zu versumpfen.

Der Religionsunterricht soll nicht zum „Fachgegenstand", zu
„einer bloßen Unterrichtssparte" herabgedrückt werden, sondern
er soll „das alle Unterrichtszweige durchdringende und die ganze
Schulzucht regelnde Element sein." Wohl, dieses Element wird
indeß stets die in Herz und Leben übergegangene religiöse Gesinnung, das Bewußtsein und die Ueberzeugung sein, daß wir
Menschen zu den höchsten Zwecken des Daseins heranzubilden
haben. Was nun aber der Religionsunterricht als „Fachgegenstand" oder „Unterrichtssparte" von seiner Wichtigkeit und Bedeutung soll verlieren können, ist schwer einzusehen; ist er es ja doch
auch an den Latein- und Gewerbschulen, ohne daß der christliche
Charakter dieser Anstalten wäre zu Verlust gegangen. Wird der
Religionsunterricht nur stets in der rechten Art und Weise
ertheilt, dann erringt er sich auch stets durch seine innere Kraft seinen
ihm gebührenden Werth und seine hohe Bedeutung. — Reicht die
Zeit von 2 Stunden wöchentlich nicht für diesen Unterricht aus, dann
wird es dem Geistlichen unverwehrt sein, auch außer der gesetzlichen
Schulzeit demselben die erforderliche Thätigkeit zuzuwenden.

Uebernimmt der Geistliche pflichtgemäß den eigentlichen Religionsunterricht und bereitet der Lehrer durch die richtige Behandlung des religiösen Gedächtnißstoffes *) und der biblischen Geschichte auf diesen vor, so ist der christliche Charakter der Volksschule gewiß vollständig gewahrt. Wenn dann beide in rechter
Weise, nur das Endziel allen Unterrichtes vor Augen habend,
behandelt werden, dann wird es der Geistliche auch nicht mehr
für ein entehrendes, „unnatürliches Verhältniß" ansehen, wenn
er bei Verhinderung oder Geschäftsüberbürdung über theil- oder
aushilfsweise Ertheilung des Religionsunterrichtes durch den Lehrer
sich mit diesem verständigt **).

***

*) Nur muß dieser der Fassungsgabe der Kinder angemessen und quantitativ
auch so beschaffen sein, daß er vom Gedächtniß aufgenommen und behalten werden kann.

**) Der hämischen Bemerkung des mehrerwähnten Lokalschulinspektors, die der-
selbe bei dieser Gelegenheit macht: die Verständigung geschehe vielleicht über den Preis,
um welchen der Lehrer den Religionsunterricht übernehme, setzen wir die Ueberzeugung entgegen, daß wohl jede, auch die geringste Forderung vollständig erfolglos sein
würde, denn Nehmen und Behalten ist für manche Menschen gleich selig.

Daß der Religionsunterricht für die Schüler der Fortbil=
dungsschule — wie dieß seither schon bei den Sonntagsschülern
der Fall war — der Christenlehre zuzuweisen sein wird, dürfte
selbstverständlich sein, denn sonst ist für die Pflege des Unter=
richts auch nur im Lesen, Schreiben und Rechnen, geschweige denn
für andere in der Jetztzeit eben so wichtige Unterrichtszweige, keine
Zeit mehr übrig. Und dennoch soll auch hier die so karg bemessene
Zeit von dem Lehrer zum Unterricht in der Religion verwendet
werden! Es dürfte sich darum bei solchen Kundgebungen keines=
wegs um die Religion handeln, denn diese gewinnt nur, wie schon
bemerkt, durch rechte und richtige Behandlung des betreffenden
Unterrichts, nicht aber durch die Masse desselben, sondern um die
geistliche Herrschaft. Wir haben schon in der Denkschrift selbst
klar und bestimmt ausgesprochen, daß wir den Unterricht in der
positiven, in der geoffenbarten christlichen Religion für den höch=
sten und wichtigsten halten; daß eben diese Religion das ganze
Leben der Volksschule durchdringen muß, und wir wiederholen
diese Erklärung auch auf die Gefahr hin, daß die Beleuchter, wie
sie es bei der Denkschrift gethan, etwas ganz anderes herauslesen,
als was thatsächlich geschrieben steht *), um dadurch ein förmliches
System von Sophismen, Verdächtigungen und Unwahrheiten auf=
zustellen, und damit das richtige Urtheil über den wahren Stand
der Sache zu verwirren, Gefahren für die Religion vorzuspiegeln,
wo in der That keine vorhanden sind, — das Volk und wo mög=
lich selbst die Regierung gegen den Lehrerstand einzunehmen und
dadurch jede Reform des Schulwesens unmöglich zu machen. Die
Volksschule steht nicht blos im Dienste der Kirche, sondern auch
im Dienste des Staates und der Gemeinde, und hat auch diesen
die Jugend zu brauchbaren und guten Bürgern heranzubilden.
Aber eben deßhalb kann und darf die Schule nicht von dem öffent=
lichen Leben und dem Einflusse des staatlichen und gemeindlichen
Organismus losgelöst und einseitig blos der Kirche in die Hand
gegeben werden. Die Denkschrift geht von dem Grundsatze aus:
Was dem Einen recht ist, ist dem Andern billig.

---

*) Die Denkschrift sagt ausdrücklich: „Von dem durch den Geistlichen zu er=
theilenden Religions=Unterricht fallen wöchentlich 2 Stunden in die gesetzliche Schul=
zeit;" wer diesen schon an sich klaren Satz mit dem vorausgegangenen vergleicht,
nämlich dem, daß „der Kirche ihr unbestreitbares Recht nicht verkümmert werden
dürfe, den Religions=Unterricht beliebig zu regeln," dem muß, wenn man nicht offen=
bar Umdrehung und Entstellung annehmen will, wenigstens Verständniß der deutschen
Sprache abgesprochen werden; denn es wurde hier nicht Beschränkung des Religions=
Unterrichtes auf 2 Stunden, sondern Vorkehrung gegen Verkürzung der übrigen Un=
terrichtszweige erstrebt.

Zweiter Abschnitt.

Leitung und Beaufsichtigung der Volks-
schulen.

Hätte die Denkschrift es nicht gewagt an der bisher bestan-
denen Beaufsichtigung und Leitung der Volksschule zu rütteln, sie
wäre sicher weit weniger lieblos beurtheilt, weit weniger verdächtigt
und verunglimpft worden. Was die Beleuchter derselben jetzt un-
verholen und geradezu beanspruchen, das hatte man thatsächlich:
die Schule war ein Annexum der Kirche. Wenn aber, wie dieß
unzweifelhaft der Fall ist, die Volksschule auch für den Staat
eine unentbehrliche Hilfsanstalt ist, so kann und darf es ihm nicht
gleichgiltig sein, in welchen Händen die Leitung und Beaufsichtigung dieser Anstalt liegt, da von dieser das Gedeihen derselben,
überhaupt das Gedeihen eines gesunden Volkslebens abhängt. Bisher theilte sich Staat und Kirche in die Leitung und Beaufsichtigung
der Volksschule, die Staatsgewalt hatte indeß mehr ihre formelle
Leitung und Beaufsichtigung; der eigentliche Schwerpunkt des
Ganzen lag in den Händen der Geistlichen, die zwar als Lokal-
und Distriktsschulinspektoren nur als staatliche Organe fungirten,
aber die Sache wesentlich anders auffaßten und handhabten, was
die sämmtlichen Beleuchtungen der Denkschrift zur Genüge beweisen dürften. Die Lehrer selbst waren von aller Theilnahme an
der Schulverwaltung und der Ordnung ihrer eigenen Angelegenheiten vollständig ausgeschlossen. Die allerhöchste Verordnung vom
8. Juli 1862 räumte ihnen zwar den Sitz in der Lokalschulkom-
mission ein, jedoch ohne Stimmrecht; daher war auch dieser Fortschritt, obgleich dankbar begrüßt, nur ein nomineller und ein Lokal-
Schulinspektor konnte den Lehrer deßhalb zum Schweigen bei
der Berathung von Schulangelegenheiten mit den Worten ver-
urtheilen: „Sie haben bloß zuzuhören!" Wenn aber der Satz
richtig ist, daß gute Schulen durch gute Lehrer bedingt sind, wenn
es wahr ist, daß die Lehrer große und schwere Pflichten zu erfüllen haben, so ist es ohne Zweifel ein anomales Verhältniß, wenn

die Lehrer von der Schulverwaltung und Leitung ausgeschlossen, wenn sie gegenüber den aufgelegten Pflichten vollkommen rechtlos sind. Ein solches Verhältniß kann darum der Erreichung des Schulzweckes unmöglich günstig sein, und wenn die Volksschule den an sie gestellten Forderungen nicht zur Genüge entspricht, so dürfte ein Grund dieser Thatsache in der bisherigen Leitung und Beaufsichtigung der Volksschule zu suchen und zu finden sein Eine Entwickelung derselben (wenn wir überhaupt von einer Ent= wickelung reden können) mußte folgerichtig eine einseitige werden, weil die Unterrichtsfächer, deren sorgfältige Behandlung das bür= gerliche Leben fordert, verkümmert wurden. Das erhebende Gefühl, gerade in der Sache, der man Kraft und Leben geweiht, eine mit= entscheidende Stimme zu haben, ging dem Lehrer verloren und mußte die wahre Berufsfreudigkeit lähmen, weil in allen übrigen Verwaltungszweigen, insbesondere des Unterrichts, Fachmännern die Theilnahme an der Verwaltung und Leitung ganz selbstver= ständlich nicht vorenthalten wird. Betrachtet man freilich die Lei= tung und Beaufsichtigung der Volksschule als eine bloße Con= trole des Lehrerstandes und nicht als das Mittel zu deren äuße= rer und innerer Förderung und zu immer schönerer Entwickelung, dann sind Fachmänner allerdings überflüssig, aber dann gränzt sie auch —. nach Rektor Fröhlich's bezeichnendem Ausdruck — an's Polizeiregiment. Die technische Befähigung zur Aufsicht und Leitung, die wohl in fast allen Branchen des öffentlichen Lebens, besonders im Volksschulwesen erforderlich ist, wird von unseren Gegnern zwar sehr bespöttelt, allein von allen wirklichen Pädagogen wird gerade diese hervorgehoben und betont. Dr. Karl Schmidt, den man hoffentlich als Pädagogen wird gelten lassen, sagt, daß die Pädagogik eine Wissenschaft und eine Kunst zugleich sei, die nicht nebenher dadurch erlernt werden könne, daß man ein Colleg über Pädagogik gehört. — Zu dieser technischen Bildung muß aber, wenn die Aufsichtsorgane ihrem Berufe vollkommen gewachsen sein sollen, die praktische Erfahrung treten. Sollten sich nun unter dem bayerischen Lehrerstande nicht auch Männer finden, welche die nothwendigen Eigenschaften, pädagogische Bildung, technische Kenntniß und praktische Erfahrung in dem Grade besitzen, daß sie bei der Regelung der Schul= und Lehrerverhältnisse könnten beigezogen, und bei der Leitung und Beaufsichtigung der Volks= schule zum Nutzen und zur Förderung wahrer Volksbildung ver= wendet werden? Soll der Schulstand allein ewig unmündig in seinen eigenen Angelegenheiten sein? — Man begründet die geistliche Beaufsichtigung und Leitung der Schule und der Lehrer mit dem geringen Bildungsgrade der letzteren und die Herren neh= men keinen Anstand, sich als „Pädagogen ex professo, als geborne Aufsichts= und Leitungsorgane der Volksschule" darzustellen. Frei=

lich, wenn dem so ist, wenn sie schon mit pädagogischer Wissen=
schaft und Kunst ausgerüstet geboren werden, und dann noch die
„speciellen Studien in der Pädagogik, Didaktik, (?) Methodik (?)
und Katechetik" hinzutreten:*) dann ist der auserlesene Pädagog
fertig. In der Wirklichkeit verhält sich die Sache — wie wohl
jedem Urtheilsfähigen bekannt sein dürfte — ganz anders.

Sind aber wirklich die Schullehrer wegen ihres geringen Bild=
ungsgrades unfähig zur Theilnahme an der Schulleitung und
jener ihrer eigenen Angelegenheiten, so muß es auffallen, daß
man diesen Bildungsstand nicht nur nicht erheben und erweitern,
sondern noch mehr einschränken, oder um den beliebten Ausdruck
einer gewissen Partei zu gebrauchen, noch mehr „vertiefen" will.
Gewinnt es da nicht den Anschein, man wolle die Bildung des
Lehrerstandes absichtlich niederhalten, um einen fortdauernden
Grund dafür zu haben, ihn für immer von der Leitung des Volks=
schulwesens auszuschließen?

Man stempelt gegnerischer Seits das Streben des Lehrstandes,
durch Fachmänner nicht ausschließlich, nein in bescheidener Weise
nur mit=beaufsichtigt zu sein, als Freiheitsschwindel, als Streben,
von jeder Aufsicht frei zu sein; obwohl man von derselben Seite
den Lehrern unbegreiflicherweise wieder das Schreckgespenst entgegen
hält, daß eine Aufsicht durch Fachmänner eine viel strengere und
beengendere sein würde. Wer die Forderungen der Denkschrift
liest, wird finden, daß sich die bayerischen Lehrer weder einer stren=
gen Beaufsichtigung überhaupt, noch einer Beaufsichtigung von
Seite Geistlicher insbesondere zu entziehen trachten, und daß die
beßfallsigen Forderungen nicht persönlichem, sondern sachlichem
Interesse erwachsen sind. Indessen geben wir selbst zu, der Lehrer=
stand wäre hier Parthei, weil sein persönliches Wohl und Wehe
auf dem Spiele stehe, so muß auch andererseits zugestanden wer=
den, daß der geistliche Stand ein weit größeres persönliches Interesse
in dieser Frage hat, denn „Herrschen ist süß", und es ist der Zwei=
fel berechtigt, ob denn der Clerus wirklich nur aus religiösem
und nicht vielmehr aus persönlichem Interesse den Lehrerstand in
dauernder Unmündigkeit erhalten wissen will.

Ein unpartheiisches Urtheil werden also wohl Dritte abgeben
können, zu einem Votum competente Männer, welche weder dem
Lehrer= noch dem geistlichen Stande angehören; und wenn selbst

---

*) Herr Gaß fügt diesen Wissensfächern noch bei: „Das Studium der alten
und neuen Sprachen, Geschichte, Mathematik und Geographie an Lateinschulen und
Gymnasien, das Studium der allgemeinen Wissenschaften, der Philologie, Aesthetik
und Mathematik, der Logik, Metaphysik, Anthropologie und Psychologie, der Geo=
logie, Zoologie, Botanik und Mineralogie, der Physik und Chemie und die theolo=
gischen Wissenschaften." Da würde doch wohl selbst ein A. v. Humboldt bescheiden
die Augen niederschlagen!

unbefangene Männer des letztgenannten Standes für eine Theil=
nahme des Lehrerstandes sich aussprechen, so muß ein solches Ur=
theil gewiß doppelt schwer in die Wagschale fallen. —

Auch aus dem Grunde, um nicht abermals den Vorwürfen
des Hochmuths, der Unzufriedenheit u. s. w. sich auszusetzen, wird
es gerathen sein, in der Frage der Beaufsichtigung und Leitung
der Volksschule, Schulmänner reden zu lassen, denen man das
Recht und die Befähigung, in dieser Frage eine beachtenswerthe
Stimme abzugeben, nicht wird absprechen können. Zudem haben
unsere Gegner die Gründe für Beibehaltung des bisherigen Zu=
standes in erschöpfender Anzahl aufgeführt und es dürfte auch hier
der Rechtsgrundsatz Platz greifen: „Audiatur et altera pars."

Diesterweg sagt in seinem Jahrbuch 1864, S. 45:

„Man nenne mir einen zweiten Stand, der sich in einem halben Jahrhun=
dert in gleichem Grade, wie der Lehrerstand, aus der Unwissenheit, Rohheit,
entwürdigenden Niedrigkeit und Niederträchtigkeit, aus Urtheillosigkeit, Abhän=
gigkeit und knechtischer Gesinnung herausgearbeitet hat! Man nenne mir einen
zweiten Stand, der in gleichem Grade, wie der Lehrerstand, Zurücksetzung,
Verachtung, Hohn und Spott, despotische Behandlung, eine Ueberlast von Ar=
beiten, meist mit den Kindern der „Niedriggebornen", oft mit der „Hefe des
Volkes", bei dem kärglichsten, in der Regel das Nothwendige nicht hinreichend
gewährenden Einkommen, bei der sichern Aussicht, bei frühem Heimgange Weib
und Kinder im Elend, im Alter Beschränkung auf das Extremste — überdauert
und siegreich überwunden hat! Haltet euch, ihr Geistlichen, die ihr von der
Kirche als der „Mutter der Schule" zu sprechen wagt, diese Zustände vor, und
dann werfet auf die Lehrer, die sich hie und da etwas ungeberdig gezeigt ha=
ben mögen, niederschmetternde Geschosse! Ich fürchte für euch, wenn die Nach=
welt endlich zu der Ueberzeugung von der unermeßlichen Wichtigkeit wirklich
praktischer Schulbildung gelangt und darnach das Verhalten der Geistlichkeit zu
messen unternimmt."

„Es ist ganz unhistorisch, wenn man den Emancipationsruf nur unter dem
Gesichtspunkt unreligiöser Sucht nach Befreiung der Schule von der Kirche
auffaßt. Richtig ist nur, daß eben deßhalb, weil bisher auf die Leitung des
Schulwesens Glieder der Kirche einen ausschließenden, besonders maßgebenden
Einfluß ausübten, der Ruf nach Selbstständigkeit der Schule besonders gegen
sie sich richten mußte." (Jürgen Bona Meyer, Religionsbekenntniß der Schule,
Berlin 1863, S. 9.)

„Nach meiner Ueberzeugung sind die Pfarrer als Schulaufseher — nicht die
rechten und guten, vielmehr wird und muß einmal die Zeit kommen, wo die
Schule aus der Aufsicht der Pfarrer in eine wirklich sachverständige,
ganz ihr angehörige Aufsicht übergeht. — Im Allgemeinen stehen, so
viel ich wahrnehmen kann, unsere Schulbehörden nicht mitten in der Schul=
welt, sondern neben derselben." (Schulrath Landfermann in Zahns Schul=
chronik 1845, Nr. 26.)

Aber auch selbst aus der Kirche lassen sich mehr und mehr
Stimmen vernehmen, welche für die Selbstständigkeit der Volks=
schule und ihre Leitung durch Fachmänner sich aussprechen. Auf
dem Kirchentag in Brandenburg 1862 sagte darüber der Prediger
Flashar Folgendes:

„Man hat in den Zeiten, als der sogenannte Emancipationsstreit begann, die
Sache der Kirche dadurch übel vertreten, daß man auf das historische Recht

3

der Kirche an die Schule gewiesen hat. Die Schule ist keine Sache, auf die man durch Occupation einen Anspruch gewinnt, und die Sache der Kirche steht ungünstig, wenn sie sich auf diese historischen Rechte stützt, einfach darum, weil die Geschichte lehrt, daß die Kirche das, was man ihr historisches Recht nennt, aufgegeben hat. Die Situation hat sich geändert. Ohne Widerspruch zu erfahren, trat in der zweiten Hälfte des vorigen Jahrhunderts der Staat immer mehr als Herr der Volksschule auf, bündige Theorien einer neuen Staatspädagogik wurden aufgestellt, welche jedem Einsichtsvollen auf das Deutlichste nachweisen, daß die Volksschule ihre Wurzeln im Staate habe. Die Kirche aber schwieg." — „Indem man die Geistlichen zu Inspektoren der Parochialschulen machte, legte man ihnen eine unbillige Last, den Lehrern aber eine Prüfung auf, unter der viele Amtsfreudigkeit verkümmern mußte. Die neue Volksschule war weder die alte Klosterschule aus der Zeit des dreißigjährigen Krieges, noch war sie die Franke'sche Schule, in welcher alle Lehrstoffe und alle Erziehungsprinzipien in ein inniges Verhältniß zum Glaubensleben gesetzt waren. Neue, dem weltlichen Wissen angehörige Stoffe waren in sie hineingedrungen. Aber, was wichtiger war, der rege Eifer auf dem Gebiete der Schulen hatte eine Menge neuer Methoden erfunden, hatte die Lehrer einer didaktischen Vorbildung unterworfen, und vielen unter ihnen eine Lehrgeschicklichkeit mit in das Amt gegeben, welche dem Geistlichen als solchem um so mehr fremd sein mußte, als der alte Weg aus dem Schulamt in's geistliche Amt immer seltener wurde, seitdem für die Gelehrten-Schulen ein besonderer Lehrstand geschaffen worden war. Es hat auch in diesen Zeiten nicht wenige Männer gegeben, die durch gleiche Tüchtigkeit theologischer und pädagogischer Bildung hervorragten. Die Geschichte der neueren Pädagogik zählt viele Geistliche zu den berühmtesten und anregendsten Beförderern pädagogischer Wissenschaft und Kunst. Aber diese Verbindung war eine zufällige, bedingt durch besondere Gaben, Neigungen und besondere Lebensführung. Sie war nicht das Gewöhnliche und konnte es nicht sein; und dennoch wurde sie vorausgesetzt! Das Amt des Inspektors haftet also nicht an der Tüchtigkeit, sondern an dem Stande. Man hielt sich an das geistige Uebergewicht des Pfarrers, an die Ueberlegenheit seiner umfassenderen und tieferen Bildung und meinte, daß diese ihn befähigen werde, den Lehrer in seinem Wirken zu leiten. Aber man übersah, daß es sich hier um eine Technik handle, welche nun einmal erlernt und durch mühevolle Uebung erworben werden muß. Freilich konnte diese umfassende Bildung den Geistlichen über manche Klippe hinwegführen; aber sie konnte die specielle Einsicht in jenes technische Gebiet nicht ersetzen. Und zur Leitung gehört mehr, als ein gelegentliches Theilnehmen; eine Aufsicht führen kann nur derjenige, der auf dem betreffenden Gebiete die gründlichere Erfahrung und höhere Tüchtigkeit für sich hat. Geht ihm diese ab, so geht seiner Leitung die innere Energie, seinem Wirken die Wahrheit ab, und statt der Ehrfurcht, mit der sich der Schwächere gerne unter den Stärkeren beugt, wenn er nur eben seine Stärke erfahren hat, fällt ein odium auf ihn, welches zuletzt auch das Auge für seine sonstigen Vorzüge blendet. Durch diese einzige unglückliche Maßregel, daß dem Lehrer in der Person des Geistlichen ein Schulinspektor an die Seite gesetzt wurde, der seiner ganzen Vorbildung nach für diese Aufsicht nicht genügend vorbereitet war, wurden die Geistlichen ebensowohl als die Lehrer herabgesetzt; jene, weil sie der rechten Wirksamkeit entbehrten, diese, weil sie die rechte Hilfe nicht fanden. Pfarrer und Schullehrer wurden schon durch ihre Stellung zu einander gezwungen, Einer den Werth des Andern zu verkennen. Wir reden hier nicht von den Leiden und Uebeln, die durch sündlichen Hochmuth und durch Lieblosigkeit von einer oder der anderen Seite mögen geschaffen worden sein, sondern von den Schmerzen des wackeren Lehrers und treuen Pfarrers. — Wie viel mußte Kirche und Schule darunter leiden! Und wie viel mehr dann, wenn etwa um des Friedens willen aller Anstoß ängstlich vermieden wurde!" —

Und ferner:

„Wenn die Kirche der Schule machtlos gegenüber steht, so ist dieß zum großen Theil ein Resultat der tiefen Vernachlässigung, welche sich die Geistlichen gegen die Schule haben zu Schulden kommen lassen, jener inneren Gleichgiltigkeit, jener inneren Theilnahmlosigkeit, die von der geistigen Arbeit und den geistigen Kämpfen, die auf dem Schulgebiete stattgefunden, sich in bequemer Entfernung hielt, und sich die innere und äußere Noth wenig zu Herzen nimmt. Was ist geschehen von Seite der Kirche auch nur um z. B. das innere Verhältniß des Religionsunterrichtes zum übrigen Schulunterricht klar und bestimmt zu ordnen? Was ist von Seite der Kirche geschehen, um die Bildung der Lehrer, die äußere Stellung derselben, das Loos ihrer Wittwen und Waisen zu bessern und zu fördern? Gewiß, die Schule, die so vielfach angeklagt worden ist, und welche viel und mannigfach geirrt hat, sie hat, wenn mit ihr in's Gericht gegangen werden soll, ein Recht zu sagen: Ich bin hungrig gewesen, und ihr habt mich nicht gespeiset; durstig, und ihr habt mich nicht getränket; nackt, und ihr habt mich nicht bekleidet; krank und gefangen, und ihr habt mich nicht besucht" u. s. w.

Das sagt ein Geistlicher seinen Amtsbrüdern. Und es dürfte schwer halten, diesen Wahrheiten entgegen zu treten. Wollte man sich die Mühe nehmen und die Schriften aller bedeutenden Pädagogen durchgehen: man würde finden, daß Alle sich für die Selbstständigkeit der Volksschule und für die Leitung und Beaufsichtigung derselben durch wirkliche Fachmänner aussprechen, und daß diese Frage nicht eine „künstlich hervorgerufene" und in den „Vordergrund des öffentlichen Lebens gezerrte" ist. Schon Joh. Bapt. Schuppins († 1661) hatte gesagt: „So lange die Einbildung währt, daß der status scholasticus nothwendig müsse verbunden sein mit dem statu ecclesiastico, so lange werden keine guten Schulen in Deutschland sein." Im vorigen Jahrhundert trat Gedike entschieden für die Selbstständigkeit der Volksschule auf, in diesem Jahrhundert fast alle Pädagogen von einiger Bedeutung.*)

Gräfe sagt in seinem Schulrecht (das wir der Beachtung bringend empfehlen) unter Anderem:

„Dadurch, daß man die Grenzen, in denen sich die Thätigkeit der Ortsgeistlichen, in Bezug auf die Schule und auf ihre Lehrer, bewegen muß, nicht festgestellt und die Rechte der letzteren nicht berücksichtiget; gibt man sie der Willkür der Geistlichen Preis; und es ist dadurch so weit gekommen, daß sich jeder Geistliche, selbst wenn ihm die Schulaufsicht nicht übertragen ist, als den gebor-

---

*) Zur Begründung der Herrschaft der Kirche über die Schule führt man auch an, daß aus den Geistlichen viele ausgezeichnete Pädagogen hervorgegangen seien. Das ist wahr. Overberg, Sailer, Wessenberg, Schwarz, Niemeyer, Dinter, Stephani, Denzel, Hergenröther u. A. waren Geistliche. Aber man vergißt, daß die wenigsten derselben, wohl keiner die Schule als Annexum der Kirche betrachteten, und daß sie vielfältig wegen ihrer Thätigkeit für ein besseres und freieres Volksschulwesen gehaßt, verfolgt und verketzert wurden. Hier gilt so recht eigentlich das Wort, das man uns entgegen gehalten hat: „Sie sind von uns ausgegangen, aber sie waren nicht von uns."

nen Herrn des Schulmannes, ihn als seinen gebornen Diener betrachtet. Der Geistliche ist in der That in vielen Ländern der unumschränkte Herrscher der Schule und ihrer Glieder. Von ihm ist Alles abhängig, was diese betrifft, seine Macht erstreckt sich über das Innere, wie das Aeußere; die Stundenpläne, wie die Methode; die Disciplin, wie die Versetzungen von einer Klasse in die andere; die Lehrbücher und Lehrhilfsmittel, kurz, alles die Schule Betreffende ist in seine Gewalt gegeben, und der Schullehrer muß seinen Winken und Befehlen überall die strengste Folge leisten; selbst dann soll er es, wenn ihm das Zweckmäßige und die Nothwendigkeit derselben nicht einleuchtet. Also blinden Gehorsam verlangt man sogar von ihm.*) Es ist klar, daß der Lehrer auf diese Art nichts ist, als ein Werkzeug in der Hand des Geistlichen, und daß ihm jene Selbstständigkeit mangelt, die der Gebildete in jedem Verhältnisse nicht vermissen kann."

„Es ist wahr, der Lehrer kann sich beschwerend an die Oberbehörden wenden, wenn die Eingriffe des Geistlichen zu weit gehen; kann er sich in diesem Falle aber auf seine wohlbegründeten Rechte berufen? Nein, er muß vielmehr als Gnade erbetteln, was er als Recht fordern könnte, wenn jene Eingriffe etwa seine persönlichen, seine bürgerlichen Rechte betreffen. So steht der Lehrer gegen seine Schulaufseher rechtlos da, ohne den Schutz weiser Gesetze zu genießen, und er muß sich oft zum persönlichen Diener erniedrigen, will er außerdem Friede und Ruhe haben, und sich in anderen Dingen nicht noch härter tyrannisiren lassen."

Herr Seminar-Rektor Eisenlohr**) stellt bei der Leitung und Beaufsichtigung der Volksschule das Prinzip der Sachgemäßheit in die erste Linie, weil die Leitung der Volksschule, wie jeder anderen Schule in solche Hände müsse gelegt und so müsse geübt werden, daß durch sie die Erreichung der Zwecke der Volksschule am meisten gefördert werde. Aber eben deßhalb dürfe diese Leitung nicht an einen bestimmten Stand gebunden sein, sondern müsse von der persönlichen Tüchtigkeit abhängig gemacht werden, weil außerdem das erste leitende Prinzip aufgegeben und allen widrigen Consequenzen, welche dieß für die Sache der Volksschule mit sich führen müsse, Thür und Thor geöffnet sei.

„Es ist etwas sehr Verschiedenes, in gemessenen Zwischenräumen erbaulich und geistlich anregend auf die Gemüther zu wirken, als in schulmäßig gerechter Weise, in methodischer Stufenfolge und unter stetiger consequenter Uebung die Elemente des Wissens und Könnens dem Geiste einzupflanzen, — etwas Anderes um eine seelsorgliche Behandlung und Pflege im innersten, dem Unsichtbaren zugekehrten Leben des Kindes, als um die sittlich disciplinirende Beschulung einer Masse von heranwachsenden unmündigen Knaben und Mädchen!"

„Bei aller überwiegenden Bildung, welche der Geistliche vor dem Schullehrer voraus hat, fehlt immer noch Eins — die Hauptsache. Er (der Geistliche)

---

*) „Das Höchste bei einem Schullehrer ist Subordination," sagte ein Distriktsschulinspektor in Gegenwart der Gemeindeverwaltung, des Bezirksamtmannes rc. zu seinem Lehrer.

**) Die Leitung der Volksschule. Ein Botum von Dr. Th. Eisenlohr. Stuttgart bei Karl Aue. 1864.

steht mit seiner Arbeit nicht mitten in der Sache der Volksschule
selbst. Es mangelt daher dem Geistlichen als Geistlichen noch die blos
auf dem Boden der eigenen lebendigen Erfahrung und persönlichen allseitigen Lehrtüchtigkeit zu gewinnende praktische Kenntniß
dieses Unterrichtsgebietes, die doch wesentlich Bedingung aller sachgemäßen und
sachverständigen Leitung ist und durch keine noch so gründliche wissenschaftliche
Bildung ersetzt wird." „Unter solchen Umständen aber erscheint es —
neben den innern damit gegebenen Mißverhältnissen — als ein
doppeltes Unrecht an der Sache, daß von der Theilnahme an der
Leitung des Volksschulwesens gerade der Stand gänzlich ausgeschlossen ist, der die in der Volksschule thätigen Kräfte in sich
trägt." — „Wenn behauptet wird, nur eine Partei verlange eine Aenderung
des bisherigen Aufsichtsverhältnisses — was im Allgemeinen zu bezweifeln
ist, — so ist das nur ein Beweis, daß der Volksschullehrerstand in einer ganz
unmündigen und unfertigen Lage gehalten worden sei, daß seine inneren Verhältnisse unnatürlicher Art sind, wodurch „„jener Mangel an Freudigkeit und
jene Mattheit des Standes"" herrührt, weil gerade seinen tüchtigsten Mitgliedern,
in denen der Kern desselben liegt, ein ihrer Individualität und ihrem inneren
Berufe entsprechender Wirkungskreis zum Besten der gemeinsamen Sache versagt, ihr Streben aber nach einer solchen Stellung nur
als falscher Ehrgeiz ausgelegt wird."

Nach der Ueberzeugung des Herrn Eisenlohr — und unserer
eigenen — wird es nur besser, wenn 1) „die unselige Herrschaft
des Theoretisiren in Schuldingen gebrochen wird. Wie breit sich
dieselbe auf unserm Boden macht und die Schäden und Bedürf-
nisse des wirklichen Lebens verdeckt, das weiß der, welcher das Ge-
rede in dieser Angelegenheit mit den Thatsachen vergleicht und
erkennt, wie verlassen Schule und Lehrer in der Wirklichkeit noch
sind von unmittelbaren praktischen, brauchbaren Anwei-
sungen und Anordnungen. Es ist mit Aufstellung
von Prinzipien und Forderungen noch nichts gethan, wenn nicht für die Anwendung und Durch-
führung des Nothwendigen in der Wirklichkeit und
im Detail gesorgt wird. 2) Es muß die Thätigkeit der
Volksschule von Innen heraus gesteigert werden durch Be-
lebung der daran arbeitenden Persönlichkeiten,
durch Erweckung des Gefühls ihrer Verantwortlichkeit und durch
Stärkung eines freudigen Wirkens, so wie im Zusammenhang
damit — dadurch, daß keine der dafür wesentlichen Bedingungen ihnen
verweigert wird. 3) Die Leitung des Volksschulwesens muß in
ihrem Kern dergestalt organisirt werden, daß sie nicht blos den
Zweck einer Controle der Leistungen erfülle, sondern immer
mehr den Charakter einer wirklichen, d. h. kenntnißreichen,
erfahrenen, anregenden und belebenden Leitung annehme und so das äußerliche Wesen abstreife." Daher das End-
resultat:

„Die Leitung der Volksschule darf, wenn sie
sachgemäß sein soll, nicht auf einen bestimmten Stand
beschränkt werden, sondern die Wahl der damit zu

vetrauenden Perſonen muß nach innern, aus der Förderung der Sache ſelbſt ſich ergebenden Gründen ſich richten. Ebendeßwegen darf in keinem, Falle der Volksſchullehrerſtand ſelbſt prinzipiell davon ausgeſchloſſen ſein*)."

Daß es bei den meiſten Geiſtlichen an der praktiſchen Be= fähigung -- als einer unerläßlichen Eigenſchaft des Auffichtfüh= renden — und damit an der eigentlichen S a c h g e m ä ß h e i t fehlt, ſcheint ſelbſt Herr Dr. Huller, der doch die Geiſtlichen ſo hoch, die Schullehrer aber ſtets ſo gar niedrig hinſtellt, zu fühlen, denn in ſeinen „Reformvorſchlägen" über „die Bildung der Lokalſchulin= ſpektoren" verlangt er 1) daß alle Theologen im letzten Jahre ihrer Univerſitäts= oder Lyceal=Studien „die in das Schulweſen einſchlagenden Vorleſungen hören, nämlich Pädagogik, Didaktik, Methodik, Katechetik und eine Introduction in den Organismus des bayeriſchen Schulweſens und die dahin abzielenden Verord= nungen und Geſetze. Schon auf den erſten Blick muß man finden, daß damit wenig oder gar nichts gewonnen wird, denn einmal wird der Theologe durch das Hören dieſer pädagogiſchen Wiſſens= fächer noch keineswegs auch ein p r a k t i ſ c h e r S c h u l m a n n; dann aber iſt ein erfolgreiches Hören bedingt durch inneren Beruf, innere Neigung und Fähigkeit. Ein vorzüglicher Theolog würde gewiß oft ein ſchlechter Juriſt, Mediziner ꝛc. werden und umge= kehrt. Und die pädagogiſche Wiſſenſchaft und Kunſt iſt eben ſo wenig ein Appendix der Theologie, als irgend eine andere Wiſſen= ſchaft, am allerwenigſten die praktiſche Seite derſelben, wie die Erfahrung durch hundert und aber hundert Beiſpiele lehrt. Zur künftigen Vermeidung dieſer gegründeten Ausſtellung will Herr Dr. Huller 2) daß die Candidaten im II. Semeſter einen p r a k = t i ſ c h e n Schulcurſus durchmachen und deßhalb in Gruppen von fünf oder zehn Mann in die Schule eines „gewiegten Schul= lehrers" commandirt werden, um ſich im Lehren zu verſuchen.

Wäre dann aber der „gewiegte Schullehrer", bei dem man das Lehren doch ſo eigentlich lernen will, nicht ein beſſerer und zuverläſſigerer Schulinſpektor als derjenige, der ſich dazu erſt bei ihm in einigen flüchtigen Stunden vorbilden will und bei dem der wirkliche Erfolg doch immer noch zweifelhaft bleibt? Notiren müſſen wir aber das Geſtändniß, daß ſelbſt der wiſſenſchaftlich gebildete Geiſtliche vom „praktiſchen Schullehrer" erſt lernen ſoll.

---

*) So Dr. Eiſenlohr, ein in ganz Deutſchland hochgeachteter Schulmann, läng= jähriger und ſegensreich wirkender Vorſtand eines Schullehrerſeminars, in der That ein „Pädagog ex profeſſo," — und zugleich Geiſtlicher. Dem Urtheile einer ſolchen Autorität gegenüber können wir das verdammende Zetergeſchrei von Leuten ruhig hinnehmen, deren pädagogiſche Leiſtungen nicht einmal in ihrer nächſten Umgebung leuchten.

Aus eben diesem Grunde wird der 3) gemachte Reformvorschlag, daß der neugeweihte Priester ein erstes, und wo thunlich, auch ein zweites Jahr in der Seelsorge bei einem Pfarrer zubringe, der ihn außer der Praxis in seinen geistlichen Funktionen nebenbei auch zu einem brauchbaren Schulaufseher bilde, ziemlich erfolglos sein. Denn um ein „brauchbarer Schulaufseher" zu werden, darf man nicht nur so nebenbei die Schule, wenn es die eigentlichen Berufsgeschäfte erlauben, besuchen, sondern man muß jahrelang selbst mitten im praktischen Schulleben stehen und darin arbeiten. Und dann, da erst die jüngeren Geistlichen zu praktischen Schulmännern gebildet werden sollen, wo wird man dann für jetzt die älteren Geistlichen in ausreichender Anzahl finden, die solche Unterweisung ertheilen können?

Im 4. Vorschlage wird die Schulbildung und Erziehung ein „wichtiges Kapitel" genannt, dem die oberhirtliche Stelle auch in der Weise die gebührende Berücksichtigung zuwenden möge, daß selbst die Pastoralconferenzen als Mittel zur Fortbildung darin für ältere und jüngere Geistliche benutzt werden. Daher soll auch 5. beim Pfarrconcurs aus den pädagogischen Sparten mit möglichster Strenge verfahren werden.

Wenn aber die Schulbildung und Erziehung ein so wichtiges Kapitel bilden, warum behandelt man denn die Schullehrer selbst mit der ausgesuchtesten Verachtung und Geringschätzung? Warum sucht man ihnen denn eine Stellung anzuweisen, in welcher sie selbst den gewöhnlichen Taglöhner beneiden müssen?

6) „Für jüngere Geistliche, welche sich im Schulwesen auszeichnen, sind periodische Remunerationen auszusetzen."

Und für den Schullehrer, der sich mit Aufopferung seiner Kräfte im Schweiße seines Angesichts darin auszeichnet? Natürlich Nichts! Wer zahlt denn aber diese Remunerationen für das Annexum der Kirche? Gewiß die Staatskasse. Es verdient in der That nicht nur die Logik, sondern auch der Muth und die Bescheidenheit des Herrn Dr. Huller volle Bewunderung, denn 7) sollen besondere Verdienste um das Schulwesen auch damit noch ausgezeichnet und belohnt werden, „daß sie bei sonst gleicher Würdigkeit einen Vorzug bei Verleihung von Pfründen (jedoch nur) königlichen Patronats begründen."

Wir wünschen nur, daß dabei nicht nach einschlägigen Berichten, sondern einzig und allein nach der gründlichen Würdigung der thatsächlich bestehenden Verhältnisse verfahren werde. Seine pädagogische Befähigung zu Reformvorschlägen beweist Herr Dr. Huller namentlich auch bei der „vollkommneren (?) Organisation der Aufsicht in den Schulbezirken". Um diese Schulaufsicht zu einer vollkommenen zu machen, sollen 1) „die Schulbezirke einen mäßigen Umfang haben, damit sie leichter und öfter

vifitirt werden können" — und damit es möglichst viele Schul=
inspektoren gibt und damit 2) „zwei Hauptvisitationen
in jedem Jahre und, wo es Noth. thut, auch noch einige
außerordentliche" gehalten werden können. Durch ein sol=
ches Verfahren stempelt man die Schullehrer zu Sclaven, und
hinter denen muß allerdings immer der Treiber stehen!

Um aber die Schulaufsicht ganz vollkommen zu machen, sagt
Herr Dr. Huller 3): „Um das Odium der mit dem Bezirksschul=
aufsichtsamte verbundenen Last, welcher manche sonst ganz brauch=
bare und tüchtige Pfarrer scheute, zu mildern, werfe man dem
zeitlichen Distriktsschulinspektor einen Funktionsgehalt von 600 fl.
aus, und vergüte ihm seine Reisekosten."

Warum wird denn auf einmal die „süßeste Last" (S. 18)
zu einem Odium, also eine gehaßte Sache, und warum scheute
„mancher sonst ganz brauchbare und tüchtige Pfarrer" diese
„süßeste Last"? Dem Herrn Dr. Huller ist wenigstens hier passirt,
daß er eine Wahrheit gesagt hat. — Um aber dieses Odium zu
einer süßen Last zu machen, benützt er einen Reformvorschlag ganz
materieller Natur und will für den zeitlichen Distriktsschulinspek=
tor nur die Kleinigkeit von 600 fl. und noch dazu die Vergütung
der Reisekosten. Auch hier soll natürlich der Staat den Säckel
aufthun für das Annerum der Kirche und die Distrikte so ein=
theilen, daß sie nur einen mäßigen Umfang haben, damit mög=
lichst vielen Inspektoren das Odium der Schulaufsicht versüßt
werden kann. Wahrlich, man kommt in Verlegenheit, ob man
bei manchen Leuten die pädagogische Weisheit oder die grenzenlose
Bescheidenheit mehr bewundern soll. Es dürfte daher zur Ergän=
zung der Reformvorschläge noch gehören, daß auch jedem Lokal=
inspektor für das Odium der Schulaufsicht wenigstens 300 fl.
ausgeworfen werden.

Doch wenden wir uns wieder zur Sache selbst. Die Lokal=
Schulinspektion wird theils als ein Recht der Kirche über die
Schule, theils als eine Einrichtung bezeichnet, durch welche sich
der Staat die Ueberzeugung verschaffe, ob der Lehrer seine Pflicht
in der Schule erfülle. Thatsächlich ist sie ein Ausfluß der staat=
lichen Oberaufsicht über die Schule, wie das Herr Dekan Auf=
hauser selbst in seiner bereits oben erwähnten Schrift S. 18 ff.
nachweist. Schon die Instruktion vom 15. Sept. 1808 sagt, daß
die Lokal=Inspektion auf dem Lande „in der Regel" bestehe aus
dem Pfarrer und aus dem Gemeindevorsteher; in Städten ist der
k. Commissär der erste Vorstand der Lokal=Schulkommission. Nach
§ 16 dieser Instruktion ist die Lokal=Inspektion im Innern des
Schulwesens auf die Disciplin beschränkt und hat nach § 17 darauf
zu sehen, daß die Schulzucht, welche dem Schullehrer zunächst und
unmittelbar obliegt, mit dem gehörigen Ernste und gleichwohl mit

der erforderlichen Milde geübt werde u. s. w. Wenn nun die
Herren Beleuchter das lokale Aufsichtsrecht als ein „göttliches und
historisches" Recht für die Kirche, resp. die Geistlichkeit in An=
spruch nehmen, so setzen sie sich in Widerspruch mit den Anord=
nungen des Staates und bestreiten das Aufsichtsrecht desselben
über die Schule. Im Laufe der Zeit hat sich übrigens auch die
Sache vollständig geändert, und wenn die Lokal=Schulinspektion
„anfänglich nicht dazu eingesetzt war, eine sogenannte technische
Beaufsichtigung des Schulhaltens zu üben", so bestimmt doch
jetzt an sehr vielen, wenn nicht den meisten Schulen der Lokal=
Inspektor, was und wie gelehrt werden soll; er übt Einfluß selbst
auf die methodische Behandlung der Lehrgegenstände, und warum
sollte er das nicht als das „geborne Aufsichtsorgan, als Pädagog
ex professo"? Unter solchen Verhältnissen kann die Lokal=Inspek=
tion, wenn der Lokal=Inspektor ein tüchtiger praktischer Schulmann
ist und die Aufgabe der Volksschule aus dem rechten Gesichts=
punkte — nicht blos aus dem einseitig kirchlichen — betrachtet,
ein mächtiger Hebel für die Förderung wahrer Volksbildung
werden*). Ist aber das Gegentheil der Fall — dann ist
die Lokal=Inspektion ein Hemmschuh derselben und das um so
mehr und so entschiedener, als der Lehrer im Schulwesen nichts
zu sagen, dem Lokal=Inspektor rechtlos unterstellt und ihm
unbedingten Gehorsam schuldig ist. Zudem ist dem Lokal=
Inspektor das ganze Wohl und Wehe des Lehrers, ja selbst seine
Existenz anheim gegeben. Er censirt den Lehrer, beurtheilt seine
Kenntnisse, seine Thätigkeit und seinen Fleiß, seine Lehrfähigkeit,
die methodische und didaktische Behandlung der Unterrichtsgegen=
stände, seinen Wandel, sein kirchliches, politisches und familiäres
Leben und zwar geheim. Ein Lokal=Schulinspektor ist nun

*) Gehört die Agitation gegen das 7. Schuljahr auch zur Förderung des Schul=
wesens? Herr Dr. Huller behauptet, daß sich die Erwartungen, welche man von der
Ausdehnung der Werktagsschulpflicht auf das 13. Lebensjahr hegte, nicht gerechtfertigt
hätten. Wir aber behaupten: sie haben sich gerechtfertigt und werden sich immer
mehr rechtfertigen, je mehr man die Agitation dagegen aufgibt. Wenn „selbst Schul=
behörden durch ihre Beobachtungen nicht zu dieser Ueberzeugung geführt" wurden, so
ist das nur zu beklagen; allein diese Behörden haben eben dann nicht recht beobachtet.
Daß das Kind bis zum 12. Jahre leicht und gründlich das für die Werktags=
schule vorgeschriebene Maß von Kenntnissen sich aneignen könne, ist physiologisch und
psychologisch und daher erfahrungsgemäß völlig unbegründet und darum nicht wahr.
Dasselbe gilt von dem „Wiederkauen des bereits Erlernten," von Mißmuth, Lange=
weile, Theilnahmslosigkeit und Unaufmerksamkeit in der Schule, von der Abneigung
des Kindes gegen das letzte Schuljahr (diese Abneigung wird ihm eingepflanzt). Von
willkürlichen Absentirungen wäre keine Rede mehr, wenn man das Volk über den
in der That großen Nutzen des 7. Schuljahres aufklären wollte. Warum zeigen
sich diese Uebelstände nicht in protestantischen Schulen, nicht in Sachsen, Würtem=
berg 2c., wo die Kinder bis zum 14. Jahr die Schule besuchen? Herr Dr. Huller
beweist auch hier wieder, daß er kein praktischer Schulmann, überhaupt kein Pädagog ist.

aber, obgleich ein Geistlicher, wie die Erfahrung lehrt immer noch ein Mensch wie ein anderer, und daher auch fähig, eine fast schrankenlose Gewalt über den Lehrer zu mißbrauchen; die Gefahr des Mißbrauchs liegt zu nahe, als daß sie nicht vorkommen sollte. Schon der ehemalige Kreisschulrath Müller in Augsburg sagte in einer Rede:

„Statt von den Pfarrern Handbietung zu empfangen, als Gehilfen betrachtet und als solche unterstützt zu werden, werden sie von diesen zuweilen aus bloßer, den Stand wahrhaftig nicht ehrender Scheu vor allenfallsiger Unannehmlichkeit, oder gar nur Unbequemlichkeit, oder aus sonstigen Rücksichten preisgegeben, wird ihnen von einigen — wer sollte es denken? — in geheim und öffentlich entgegen gearbeitet; — statt von den Polizei= und Verwaltungsbehörden als Arbeiter in einem bedeutenden Zweige der Nationalbildung, und der Staatsverwaltung überhaupt aufgenommen zu werden, empfinden sie nicht selten Gleichgiltigkeit, Frost und wohl auch herabsetzende bittere Behandlung von Männern, deren Blick beschränkt, deren Geist, festgerannt in den Mechanismus des gewöhnlichen Geschäftsbetriebes, sich nicht erhebt zu den höheren Aufgaben des Staates, worunter die Vereblung des Volkes gewiß eine der ersten Stellen einnimmt“ u. s. w.

Unsere Gegner stellen zwar theils die Behauptung auf, daß wohl kein Lokal=Inspektor sein Aufsichtsrecht über die Schule und den Lehrer mißbraucht' habe, theils wird dieser Gegenstand ganz ignorirt. Das ist freilich eine bequeme Art, über einen heiklen Punkt hinwegzukommen. Aber es sind Mißbräuche und zwar arge Mißbräuche vorgekommen und kommen noch vor, was durch eine Menge von Thatsachen bewiesen werden kann. Es wird die Zahl jener glücklichen Lehrer gering sein, denen dieses Verhältniß noch keine Bitterkeiten bereitet hat. Herr v. Lachemair will, daß dieser Beweis rückhalt= und rücksichtslos ohne Rücksicht auf die Geistlichkeit geführt und die Namen all' der Lokal=Inspektoren aufgeführt werden, die das ihnen unterstellte Lehrerpersonal tyrannisirten. Dies ist nebenbei gesagt, eine wunderliche Zumuthung, zumal gegenüber dem noch bestehenden Abhängigkeitsverhältniß. Mit weit mehr Recht könnten wir in Folge der maßlosen Anschuldigungen unsrer Gegner an diese die Forderungen stellen, eine Liste der „kirchenfeindlichen, freimaurerischen“ Schullehrer zu veröffentlichen. Wollte man aber dem Wunsche des Herrn von Lachemair genügen, so käme jedenfalls eine lange Liste zum Vorschein, über die Herr von Lachemair sich wundern würde. Ueber einschlägige Thatsachen könnte mancher Lehrer allein ein ganzes Buch schreiben; und wenn die Herren Beleuchter gewisse Aktenfascikel auf Regierungs= und Ordinariatskanzleien durchgehen wollten, fänden sie wahrhaftig Stoff genug. Allein Herr von Lachemair weiß wohl, daß wir damit einen Sturm heraufbeschwören würden, viel heftiger, als der durch die „gemäßigte“ Denkschrift hervorgerufene; er weiß auch wohl, daß, da die Lehrer nirgends amtliche Glaubwürdigkeit den Lokal=Inspektoren gegenüber haben, auch Klagen,

wie meistens so auch hier, für die Lehrer deßhalb ungünstig aus=
fallen würden. Indeß sind wir der Ueberzeugung, daß Herr
von Lachemair nicht gar zu weit zu gehen brauchte, um sich zu
überzeugen, daß wir auch hier keine ungegründete Beschuldigung
erhoben haben, und wenn er schon vernommen hat: „Es ist un=
begreiflich, wie die Lokal=Inspektion hier so ruhig zusehen kann
u. s. w." er auch gehört haben muß: „Es ist sündlich, wie der
Pfarrer mit dem Lehrer umgeht*)" u. s. w. Hätte endlich Herr
von Lachemair bedacht, daß wohl die meisten Vikare, Caplane und
Pfarrverweser sich gleichfalls schon als den „gebornen Aufseher"
des Lehrers betrachten, so hätte er uns der Lüge nicht beschuldigt.
Wir haben uns bei Begründung der Bitten in unserer Denk=
schrift stets an die wirklich bestehenden Thatsachen gehalten und
sind nirgends der Wahrheit auch nur im mindesten nahe ge=
treten. Haben das unsere Gegner auch gethan? Glaubt Herr
v. Lachemair, wenn er die verschiedenen „Beleuchtungen" der Denk=
schrift gelesen, daß die Beleuchter die ihnen untergebenen Lehrer
wie „Männer" behandeln, die in einem ernsten, wichtigen und
mühevollen Berufe arbeiten? Die Behauptungen, daß die Lehrer
gar keine Aufsicht wollen, daß ihnen die Lokal=Inspektion ein Dorn
im Fleische sei u. s. w. sind zu vage, als daß sie einer Wider=
legung bedürften. Die Lehrer wollen eben so gut wie jeder andere
Stand eine Beaufsichtigung, aber eine z w e ck=, s a ch= und f a ch ge=
m ä ß e; — und eine gerechte, die Willkür und Chikane ausschließt.

Wir haben in unserer Denkschrift das bisherige Aufsichtsver=
hältniß ein anomales genannt und werden darüber scharf getadelt.
Ist es das nicht? Gibt es noch einen Stand, sei es unter dem
Gewerbe=, Handels=, Beamten= oder irgend einem anderen Stande,
welcher von Gliedern eines anderen beaufsichtigt wird und der in
seinen eigenen Angelegenheiten so gar nichts zu sagen hat, wie der
Lehrerstand? Wenn er dazu nicht fähig ist, wenn er die erfor=
derliche Bildung hiezu nicht besitzt, warum wird ihm diese vorent=
halten? Oder ist der Lehrer a l l e i n so pflichtvergessen, daß er
einer fortwährenden örtlichen Controle bedarf? Traut man einem
Gendarmerie=Brigadier, einem Unteraufschläger 2c. in dieser Bezieh=
ung mehr Ehr= und Pflichtgefühl zu, als dem Lehrer? Die
Herren Beleuchter antworten sicherlich mit Ja! denn Herr Gaß

---

*) Wir kennen einen Fall, daß dem Ortsgeistlichen die Lokalschulaufsicht abge=
nommen und einem benachbarten Geistlichen übertragen werden mußte. Jener Geist=
liche war Lehrerssohn und ist von ihm die Aeußerung bekannt: „Ich hasse alle Schul=
lehrer." Darnach handelte er auch — er tyrannisirte alle ihm unterstellten Lehrer
auf's Unerträglichste. Man dürfte nur das Gebahren dieses e i n e n Mannes der
Offenkunde übergeben, um zu beweisen, was sich ein Lokalschulinspektor gegen seinen
Lehrer erlauben kann und wie rechtlos dieser den Chikanen seines „Beraters" gegen=
über steht.

sagt uns; „die Aufgaben der Schüler müssen corrigirt werden, sonst bringen sie keinen Nutzen. Bisher hat man diese Correkturen jedoch nur in den Schulen der Ordensinstitute wahrgenommen und höchst selten in jenen der weltlichen Schullehrer." Hätte der ehrwürdige Herr diesen Vorwurf etwa einem Schuldistrikte gemacht, der das seltene Glück hat, unter seiner Leitung zu stehen, so hätte man allenfalls annehmen können, es sei diese Beschuldigung Wahrheit. Da er sie jedoch ganz im Allgemeinen, mit Bezug auf alle „weltlichen Lehrer" Bayerns macht, so hat er sich erlaubt, eine Lüge zu sagen.

Das schon erwähnte Wissenschafts= und Kunstblatt, Chilianeum genannt, macht seiner Weisheit in pädagogischer „Wissenschaft und Kunst" in folgender Weise Luft:

„Es kann ihnen (den Reformern) nicht unbekannt sein, wie Lehrer, die selbst oft als os der übrigen aufzutreten pflegen, bei Besoldungen, die denen mancher Assessoren gleichkommen, ja sie in der Wirklichkeit überschreiten,*) durch Schulgehilfen, Präparanden u. dgl., (wer sind die Dergleichen?) ihre eigene Schule auf Stunden verlassend, Unterricht ertheilen lassen, indessen sie in Privatinstituten und in Häusern wohlhabender Leute Privatstunden ertheilen. **)

„Den Reformern kann nicht unbekannt sein, daß es Lehrer, bayerische Lehrer gibt, denen ihre Violine und ihre Streichquartette mehr am Herzen liegen, als die von ihnen so lahm behandelte Schule. (Streichquartette sind jedenfalls ein viel edleres Vergnügen, als das Tarocken zc. im Wirthshause hinterm Bierkruge.)

„Den Reformern kann nicht unbekannt sein, wie es Lehrer gibt, die müheverdrossen minderbegabte Kinder gänzlich verkümmern lassen, zufrieden, wenn sie nur mit den begabteren bei der eingetrichterten Prüfung brilliren."

„Es eckelt uns an, in diese Misère tiefer einzugehen, je bekannter uns das Schulwesen in allen seinen Windungen und Krümmungen ist; um so lächerlicher kam uns aber auch das Winden und Krümmen vor, durch welches diese Schulmänner von S. 39—42 sich ihrer sie beaufsichtigenden Lokalschulinspektion zu entledigen suchen."

Angesichts solcher Beschuldigungen bedarf es weder Windun=

---

*) Der edle Chilianeums=Ritter scheint dem Grundsatze zu huldigen: Wenn man einmal im Lügen ist, so muß man auch lügen, daß es sich der Mühe lohnt.

**) Wir können dem Chilianeumsmann mit einem viel drastischeren Beispiele dienen. Ein Pfarrverweser in einem Städtchen mit Landgerichtssitz holte, wenn er sonst keinen Tarockgenossen fand, seine beiden Lehrer aus der Schule, — und diese blieb indessen unter „Leitung älterer Schüler" sich selbst überlassen. Wen trifft hier die größere Schuld? — wen die Verantwortung? Solche Dinge geschahen unter der seitherigen Lokalschulinspektion, „dem Gewissen der Schule." — —

gen noch Krümmungen gegen die Lokalschulinspektion oder deren Beseitigung. Sind sie wahr, so ist der Beweis gegeben, daß diese Inspektion nicht den mindesten Werth hat, weder für den pflicht= treuen, noch auch für den gewissenlosen Lehrer. Sind sie nicht wahr, dann wird es hohe Zeit und heilige Pflicht der Staatsre= gierung und der gesetzgebenden Faktoren überhaupt sein, das Volks= schulwesen und den Lehrerstand einem Zustand zu entreißen, der für beide nur verderblich sein kann, sie den Händen von Männern zu entziehen, die sich nicht schämen, mit den ungeheuersten Beschul= digungen gegen den gesammten bayerischen Lehrerstand vor die Oeffentlichkeit zu treten.*)

Indeß scheint sich auch hier der Spruch zu bewahrheiten: „Es gibt nichts Neues unter der Sonne." Die früher bestandene Zeitschrift „Hesperus" 1829 enthält S. 160 wörtlich Folgendes:

„Unzufrieden mit dem neuen Schulplan sind auch dießmal, wie immer, die Geistlichen."

„Seitdem die Lehranstalten nicht ausschließlich dem Priesterstande mehr an= vertraut sind, ist ihre häufige Klage: es taugt das jetzige Erziehungswesen nichts, es taugen die Lehrer und die Lehrart nichts, und es wird auch nicht an= ders, es ist keine Hoffnung zur Verbesserung, sagen Einige offen und laut, An= dere still hierzu, bis Wir Geistlichen wieder die alleinigen Lehrer des Volkes sind. Dieß ist der eigentliche Punkt, von dem alles ausgeht, zu dem alles zu= rückkehrt; macht einen Plan, welchen ihr wollt, sie werden ihn nie billigen; gebt ihnen aber die Schulen wieder und dann wird es gehen, nach ihrer Aeußerung auch ohne Plan, freilich wie es gegangen, oder gehen mag."

„Manche der helldenkenden Männer behaupten geradezu, daß die Geistlichen allein Ursache sind, daß in Bayern so häufige Versuche und Gegenversuche im Erziehungswesen gemacht wurden, daß alles aufgeboten wird, die Schulen und Lehrer zu schmähen und zu verdammen, damit man ja endlich einsehen lerne, alles Heil sei nur bei ihnen zu finden."

Die vollständige Wahrheit dieser Worte dürfte sich in dem seitdem verflossenen Zeitraum von 36 Jahren vollkommen bewährt haben. Um dasselbe Prinzip handelt es sich auch gegenwärtig, ganz besonders bei der Aufhebung der Lokalschulinspektion, die weder sachgemäß noch nothwendig ist. — Rektor Fröhlich nennt sie daher auch einen „Anachronismus" und fährt (S. 77 seiner bereits erwähnten Schrift) also fort:

„Nicht daß der Lehrer vom Geistlichen beaufsichtigt wird, ist seine Last, sondern daß überhaupt eine Ortspolizei über ihn geübt wird."

„Die Lokalschulinspektion rührt noch aus einer Zeit her, wo man Handwerker, ausgediente Unterofficiere und entlassene adelige Bediente zu Lehrern beförderte.

---

*) Wir machen hier darauf aufmerksam, daß die meisten Beleuchtungen der Denkschrift aus Unterfranken stammen, und daß gerade diese die härtesten Beschuldig= ungen gegen den Lehrerstand enthalten, oft in einer Sprache, die die Grenze des Anständigen und Schicklichen weit überschreitet. Unsere Collegen in Unterfranken dürften daher Veranlassung nehmen, sich über die gemachten Beschuldigungen nicht nur zu äußern, sondern auch das Treiben einer gewissen Partei daselbst schonungs= los vor die Oeffentlichkeit zu ziehen.

Damals war es eine logische Nothwendigkeit, diesen ungebildeten Personen einen gebildeten Aufseher zu setzen, und es wäre zu jener Zeit unverzeihlich gewesen, dies nicht zu thun. Gegenwärtig ist jedoch der Lehrer ein anderer; somit soll man ihm auch eine andere Behandlung zu Theil werden lassen." „Die Lokalschulinspektion ist geradezu verderblich. Sie läßt den Lehrer nie zu rechter (besser: zu gar keiner) Selbstständigkeit und Freudigkeit gelangen und lähmt seinen Eifer u. s. w." „Ist kein Lokalschulinspektor im Orte, dann bekümmert sich sicherlich die Gemeinde, wie ihre Pflicht ist, auch weit mehr um die Schule und gewinnt ein höheres Interesse an ihr. Der Lehrer wird dann selbst mehr verantwortlich und sich gewiß weit mehr bemühen, das in ihn gesetzte Vertrauen zu rechtfertigen."

Auf den letzteren Punkt legen wir besonderes Gewicht, denn er enthält die Grundlage zur Hebung und Förderung des Lehrer= standes. Man behandle ihn anders, und man wird andere und bessere Lehrer haben.

Herr v. Lachemair ruft zwar S. 44 seiner Schrift aus: „Nein! nein! belassen wir es bei der alten Weise, sie hat die Probe bestanden!" Allein wir glauben, daß die alte Weise die Probe nicht bestanden hat, denn sonst könnte nicht das allgemeine Bedürfniß nach einer Reform des Schulwesens sich geltend gemacht haben. *)

Trotzdem behauptet Herr Dr. Huller S. 16 seines Votums: „Wer in Bayern eine Trennung der Schule von der Kirche be= gehrt, d. h. der Kirche den vom Staate aus Achtung ihres Rechtes noch belassenen Einfluß auf Leitung und Beaufsichtigung der Schule entziehen oder schmälern will, der begeht einen Verfass= ungsbruch, der streicht Bayern aus der Reihe der christli= chen Staaten, der predigt dem religionslosen, indifferenten Rechtsstaat." —

Der gelehrte Herr schwingt sich hier auf eine fast unerreich= bare Höhe der logischen Beweisführung und nimmt die Backen so voll, daß er fast lächerlich wird. Wo hat denn der bayerische Staat die Beaufsichtigung und Leitung der Volksschule der Geist= lichkeit verfassungsmäßig garantirt? Hat er sich nicht viel= mehr die oberste Leitung der Schulen verfassungsmäßig vorbehal= ten? Wenn die Lokal= und Distriktsschulinspektionen blos staat= liche Organe sind, wie zugegeben wird, hat dann der Staat nicht

---

*) Der hämischen Frage des Herrn Gaß: „Wer kann und wird die Kinder vor religiöser Vergiftung (!) bewahren, wenn der Pfarrer aus der Schule hinausgedrängt ist?" setzen wir die Frage entgegen: Wer bewahrt sie davor, wenn diese Vergiftung etwa von dem Pfarrer ausgeht? Oder ist das unmöglich? „Wer schützt die armen Kinder vor Mißhandlungen, wenn der Pfarrer nicht mehr in die Schule darf?" — Wer schützt sie aber, wenn der Pfarrer sie mißhandelt? Oder kommt das nicht vor? — Herrn Gaß kann es nicht unbekannt sein, was sich sogar der Vorstand eines Cle= rikal=Seminars hierin erlaubte. Bei solchen Ausschreitungen auf jener Seite hätte man Ursache über einzelne, gewiß höchst seltene Auswüchse des Züchtigungsrechts Seitens der Lehrer wenigstens zu schweigen.

das unzweifelhafte Recht, eine Aenderung dieser Einrichtung zu treffen, wenn es sein Interesse und seine Sicherheit fordert? Der Partei aber gegenüber, die Herr Dr. Huller vertritt, dürfte eine straffere staatliche Praxis rücksichtlich auch der Leitung und Beaufsichtigung der Volksschule, überhaupt eine entschiedene Zurückweisung der Uebergriffe derselben im Interesse der Erreichung seiner Aufgabe dringend geboten sein.

Der erhabene, höchstselige Geber der Verfassung wollte diese selbst sicher stellen gegen willkürlichen Wechsel, „aber nicht hindern das Fortschreiten zum Bessern nach geprüften Erfahrungen." Ist demnach eine legale Aenderung einzelner Verfassungsbestimmungen, jeder Fortschritt zum Bessern, eine Verfassungsverletzung? Tit. VII. § 5 der Verfassung bestimmt sechsjährige Finanzperioden; die Staatsregierung gewährt jetzt zweijährige. Begeht sie dadurch einen Verfassungsbruch? — Für die Erreichung seiner Zwecke beruft sich Herr Huller auf die Verfassung; nimmt aber keinen Anstand, dem Lehrerstande diejenigen verfassungsmäßigen Rechte zu entziehen, die jedem Bayer ohne Ausnahme gewährt sind: Freiheit der Person, Gleichheit vor dem Gesetze u. s. w.

Die Behauptung, daß Bayern bei einer Aenderung des Leitungs- und Aufsichtsverhältnisses der Volksschulen aus der Reihe der christlichen Staaten zu streichen sei, ist so absurd, daß man sich nur darüber wundern muß, wie sie vor der Oeffentlichkeit hat gemacht werden können. Wahrlich, zwischen dem Christenthum, das uns Christus gebracht, und dem einer bekannten Partei ist ein wesentlicher Unterschied. „Mein Reich ist nicht von dieser Welt," sagt Christus. —

Wird denn aber durch die Entfernung der Lokalschulinspektion „das letzte Band, das die Schule mit der Kirche verbindet, gelöst" und „Thür und Thor dem modernen Heidenthum geöffnet?" Sehen wir diesem Gespenste — denn weiter ist es nichts — etwas näher in's bleiche Angesicht.

Unser ganzes häusliches, öffentliches und sociales Leben ist, wie die Herren Beleuchter selbst hervorheben, ein christliches; überall ist demselben das Gepräge des Christlichen aufgedrückt. Unser ganzes geistiges Sein und Leben ist ein Ausfluß des Christenthums und derjenige, welcher sich dem bestimmten und überall maßgebenden Einfluß desselben und seiner sittlichen Herrschaft entziehen wollte, müßte jedenfalls über die Grenzen der christlichen Länder hinausgehen zu nicht christlichen Menschen. Was die Herren daher von der Einkehr eines „modernen Heidenthums" sagen, ist mindestens unverständlich, wenn es nicht darauf berechnet ist, die richtige Anschauung der Sache zu trüben und Gefahren vorzuspiegeln, wo keine sind. Damit soll indeß nicht gesagt sein, daß auch überall das wahre, lebendige Christenthum zur Erschein-

ung kommt. Solche, die nicht von der Kraft des Evangeliums
ganz durchdrungen und sich von ihm leiten und führen lassen in
all' ihren Handlungen, hat es und wird es zu allen Zeiten geben
unter Pfarrern und Schullehrern, unter Hohen und Niederen,
unter Gelehrten und Ungelehrten, wie denn auch der Geist Christi
sich wesentlich unterscheiden dürfte von dem Geist, der aus fast
allen Schriften unserer Gegner zu uns spricht. Aber deßhalb
weicht noch nicht das Christenthum selbst, um dem Heidenthum
Platz zu machen. Der Bestand der christlichen Schule ist also
gesichert auch dann, wenn die bisherige Leitung und Beaufsichtig-
unr derselben anders geordnet wird.

Dazu kommt, daß die Schule eine stete Pflanzstätte für christliches Wissen und christliches Leben dadurch ist, daß in ihr der
Lehrer mittels des religiösen Gedächtnißstoffes, den er zu behandeln hat, wie die biblische Geschichte, auf den eigentlichen Religionsunterricht des Geistlichen vorbereitend wirkt. Eine richtige Behandlung derselben ohne Religionsunterricht auf Grund des geoffenbarten Gotteswortes ist gar nicht denkbar. Gefahren für die Kirche
können daraus um so weniger entstehen, als ja der Lehrer bezüglich
dieses Unterrichts dem Geistlichen immerhin unterstellt bleiben wird,
und er Abirrungen von dem rechten Prinzip eher wird wahrnehmen
können, wenn er wöchentlich zweimal zur Ertheilung des Religionsunterrichtes in den Kreis der Schüler kommt und mit ihnen geistig
verkehrt, als wenn er diesen Unterricht Jahr aus, Jahr ein dem
Lehrer zutheilt und nur inspicirt. — Der durch seine Geschichte
der Pädagogik und andere vortreffliche pädagogische Werke berühmte
Dr. Karl Schmidt, der doch auch Theologe war, sagt in dieser
Beziehung:

„Das von vielen Seiten her laut erschallende Geschrei, daß die Religion
aus der Volksschule herausgerissen werde, wenn sie unabhängig von der Kirche,
resp. von der Geistlichkeit organisirt wird, ruht entweder auf einer bewußten
Lüge, oder auf einer geistigen Beschränktheit: auf einer bewußten Lüge
bei Denen, die unter dem Deckmantel des Christenthums und unter dem Rufe:
„Die Religion ist in Gefahr!" ihre geistlich theologische Herrschaft über die
Gemüther der Menschen festhalten wollen und darum sich und ihre theologische
Ansicht mit dem Christenthum identifiziren, — darum auch behaupten, daß die
christliche Religion nicht herrscht, wo ihnen die Herrschaft genommen ist; auf
einer geistigen Beschränktheit bei Denen, die wirklich nicht wissen,
daß das Christenthum unendlich größer als die theologische Satzung ist, und
die darum für die christliche Religion überall da Gefahr sehen, wo die Herrschaft der Theologen entfernt wird und wo nicht spezifischer Confessionalismus
sein Regiment aufgeschlagen hat. Abnahme der geistlichen Oberschulaufsicht und
Uebertragung derselben an eine Behörde, die aus theoretisch und praktisch gebildeten Pädagogen besteht, hat nichts mit Verminderung 2c. des religiösen und
kirchlichen Sinnes zu thun."

„An einzelnen Orten — bemerkt Gräfe — z. B. in Bremen
und auch in Hamburg, in welchen Städten mehr kirchlicher Sinn
sich findet als in den meisten anderen Städten Deutschlands, und

wo die Prediger noch in hoher Achtung stehen, haben diese mit der Aufsicht der Schule, selbst der Volksschule, gar nichts zu thun."

Im Herzogthum Sachsen-Gotha ist die Lokalschulinspektion gesetzlich aufgehoben und sind dafür 8 Bezirksschulinspektionen eingerichtet worden, ohne daß dadurch für die Christlichkeit der Volksschule, irgendwelche Gefahr erwachsen wäre.

Wir wollen daher auch nichts weniger als eine Lostrennung der Schule von der Kirche von ihrem inneren, organischen Verbande und glauben, — ohne irgend einen Hintergedanken, — daß auch für die Schule der Grundsatz gilt: „Einen anderen Grund kann Niemand legen, außer dem der gelegt ist, welcher ist Jesus Christus." —

Bei der Formulirung der Schulaufsichtsbehörden hatten wir nichts weniger im Sinne, als eine Bewerbung um Regierungs- und Ministerialrathsstellen,*) — wie Herr Gaß verdächtigend bemerkt —; wir wollten nur, daß Staat, Kirche, Schule und Gemeinde darin ihre gesetzliche Vertretung fänden. Wenn daher diese Behörden als complicirt erscheinen, — was in der That nicht der Fall ist, — so liegt der Grund eben nur in der Rücksichtnahme auf all die genannten Faktoren. Einfacher und wohl auch sachgemäßer wäre der Satz: Die Schulaufsichtsbehörden werden aus theoretisch und praktisch gebildeten Fachmännern gebildet. — Widerstrebt es der Ehre des Geistlichen, neben sich einen tüchtigen Lehrer als Mitinspektor zu dulden, dann ist der Beweis gegeben, daß es ihnen nicht um das wahre Wohl der Schule, um die zeitgemäße Entwickelung derselben, sondern um die Herrschaft, und zwar um die ausschließliche Herrschaft über dieselbe zu thun ist.

Wir schließen diesen Abschnitt mit den Worten Dr. Harnisch's (Handb. f. d deutsche Volksschulwesen):

„Schule und Kirche sind zwei Schwestern; will die eine über die andere herrschen, so entsteht Unzufriedenheit; will eine die andere verachten, eine die

---

*) Die Denkschrift sagt ausdrücklich, (S. 43), es werde für die bei den höhern Schulbehörden zu verwendenden technischen Fachmänner „keineswegs eine bevorzugte Stellung beansprucht und es wäre nicht nothwendig, sie über den Rang und Gehalt eines städtischen Hauptlehrers hinaus zu heben." Ueberdieß ist in den betreffenden Petitionen ausgesprochen, daß das Referat „einem mit dem Schulwesen vertrauten Regierungsrath" zu übertragen wäre. Wie man demnach den Lehrern Regierungs- oder gar Ministerialrathsgelüste unterschieben kann, ist schwer zu begreifen. Wenn Schullehrer in Bayern als geachtete und anerkannt tüchtige Arbeiter zu ehrenvollen Posten in den Ministerien des Kriegs und des Handels ꝛc. (einer hat wirklich den Rang eines Regierungsraths) gelangen konnten, so ist nicht abzusehen, warum nicht auch Einzelne als brauchbare Hilfsarbeiter in jener Branche zu verwenden wären, in der sie mit ihrer ganzen Bildung, mit ihrem Herzen und ihrem Streben wurzeln. Dekan Bauer (Württemberg) sagt in seiner Schrift: „Gebet der Schule, was der Schule ist" — „Warum sich ein tüchtiger Schullehrer nicht auch bis zum Ministerium sollte aufschwingen können, ist nicht abzusehen."

4

andere beſchränken, ſo erzeugt ſich der bitterſte Haß und die ſchädlichſte Zwietracht."

"Die Kirche kann kein Anhängſel von der Schule, die Schule kein Anhängſel von der Kirche ausma= chen, jede hat ihr eigenthümliches, in ſich freies Leben. Der Staat hat wohl darüber zu wachen, daß beide im Bunde leben."

Dritter Abſchnitt.

Die rechtliche Stellung der Lehrer.

Während unſere Gegner für die Kirche, d. h. die Geiſtlichkeit, alle Rechte an und über die Schule in Anſpruch nehmen und Herr Dr. Huller ſogar verlangt: "man belaſſe den Geiſtli= chen in ſeiner ſo zu ſagen monarchiſchen Stellung, die weder durch Lehrerconvent noch durch eine be= ſondere Schulbehörde conſtitutionell eingeſchränkt zu werden braucht"*) — haben ſie auch nicht Ein Wort für eine rechtliche Stellung der Lehrer; nicht Ein Wort, daß dem Stande, dem man ſo ſchwere Arbeit, ſo ſchwere Pflichten, dem man ſogar die Ertheilung des Religionsunterrichtes aufbür= den will, oder beſſer: bisher ſchon zum größten Theil auferlegt hat, doch auch wenigſtens etwelche Rechte in ſeiner Stellung — wir wollen nicht ſagen zu den inneren Schulangelegenheiten —, ſondern in ſeiner ſtaatlichen und bürgerlichen Exiſtenz gebühren. —

Wenn ſonſt Jemand ein öffentliches Amt bekleidet, ſo ent= fließen ihm auch aus demſelben beſtimmte Rechte, in welche er bei der Uebernahme des Amtes tritt und bezüglich deren ihn das Geſetz ſchützt. Warum ſollen die Lehrer an den Volksſchulen allein rechtlos ſein? Warum ſollen einzig aus dem Berufe des Volks= ſchullehrers keine Rechte fließen? Das Geſetz vom 10. November 1861, die Aufbringung des Bedarfs der deutſchen Schulen betr.,

---

*) Das iſt gewiß deutlich! Es gibt keinen Stand im Staate, der nicht conſti= tutionell, d. i. geſetzlich eingeſchränkt wäre. Selbſt die höchſte Perſon im Staate, der König, iſt conſtitutionell eingeſchränkt. Die Geiſtlichkeit, vielmehr eine Partei derſelben, will bezüglich der Herrſchaft über die Schule nicht einmal geſetzlich einge= ſchränkt ſein! Und doch ſpricht man von Rechten der Gemeinden und Familien an der Schule! Herr Dr. Huller hat keinen Anſtand genommen, dieß einer conſtitutionellen Staatsregierung als "Reformvorſchlag" zu unterbreiten!

bezeichnet die Schulen als Gemeindeanstalten; es läßt aber ganz unbestimmt, welche rechtliche Stellung die Lehrer an diesen Schulen einnehmen sollen. In einer der öffentlichen Sitzungen der Kammer der Abgeordneten wurde von einem der Herren bemerkt, es sei eigenthümlich, daß die Lehrer sich so sehr gegen den Titel „Gemeindediener" sträuben; der Bürgermeister einer Stadt sei auch Gemeindediener u. s. w. Findet denn aber zwischen der rechtlichen Stellung eines Bürgermeisters ꝛc. und der eines Lehrers auch nur die entfernteste Aehnlichkeit statt? Jene ruht auf rechtlicher Basis und ist durch das Gesetz geschützt. Wo wäre dies bei der Stellung eines Lehrers der Fall? In dem Sinne, in welchem der Schullehrer Gemeindediener ist und als solcher behandelt wird, steht er fast unter dem Flur- und Nachtwächter, denn innerhalb ihres Berufes sind auch diese Personen gesetzlich geschützt. Ist die Volksschule eine „öffentliche Anstalt" — und das muß sie sein, wenn sie nicht als „Annexum der Kirche" ihrem gänzlichen äußeren und inneren Verfall entgegen gehen soll — dann möchten auch die Lehrer an dieser Schule als „öffentliche Diener" eine rechtliche Stellung wohl beanspruchen dürfen; in anderen deutschen Staaten ist ihnen diese Stellung bereits gewährt. Nach dem neuen Schulgesetze Rußland's haben die Lehrer sogar die Rechte der Staatsdiener, erhalten eine gründliche Bildung in Staatsanstalten, werden nach 12jähriger Dienstzeit zu persönlichen Ehrenbürgern erhoben und sind frei von der Rekrutirung und allen öffentlichen Lasten und Abgaben. Sie erhalten nach 20jähriger Dienstzeit und vorzüglichen Leistungen das erbliche Ehrenbürgerrecht, haben alle auf das Recht der Pensionirung, auf Orden ꝛc. Anspruch; bei 10jährigem, eifrigem Dienste eine silberne Medaille, bei 20jährigen den Stanislausorden 3. Klasse. Sie werden sehr gut besoldet und nur von Fachmännern beaufsichtigt. *)

Dem Vorsitzenden des Wiener Lehrer-Vereins wurde in neuester Zeit hohen Orts auf seine Anfragen über die „Stellung der Lehrer" die Antwort ertheilt, „daß die Lehrer den drei Faktoren Staat, Kirche und Gemeinde unterstehen, daß sie weder Staats- noch Kommunalbeamte sind, daß sie aber den Schutz und die Rechte von Staatsbeamten genießen und „wenn sie sich darin gefallen, auch Uniformen tragen können." Auf die Uniformen werden die österreichischen Lehrer so gut verzichten als die bayerischen; aber wenn Oesterreich seinen Lehrern die „Rechte der Staatsbeamten" zuerkennt, so werden wahrlich die bayerischen Lehrer etwas Aehnliches auch beanspruchen dürfen. Die Denkschrift hat sich nicht einmal zu dieser Forderung (volle Staatsdienerrechte)

---

*) Vergl.: „Zur Pädagogik der That" von F. Schnell. Berlin, bei Nikolai, 1864.

4*

erhoben, obwohl dies schon deßhalb nicht so „verstiegen" hätte er=
scheinen können, weil in einem nun bayerischen Gebiete, in dem
ehemaligen Fürstenthum Aschaffenburg, die Volksschullehrer nicht
etwa blos die „Rechte der Staatsdiener" besaßen, sondern förmlich
als „Staatsdiener" anerkannt waren Die höchste Verord=
nung, die öffentlichen Unterrichtsanstalten 2c 2c. betreffend,*) ge=
geben vom Fürsten Primas Carl, dd. Aschaffenburg 25. Jan. 1812,
sagt Abs. I. Ziff. 2 wörtlich:

„Sie (die Schulen) werden sämmtlich, ohne Ausnahme, unter
Aufsicht des Staates genommen und die an denselben angestellten
Lehrer als Staatsdiener anerkannt." —

Noch leben ältere Lehrer aus jener Zeit, und die Pensionir=
ung der Lehrer im Aschaffenburgischen wurde bis zum Erscheinen
des Gesetzes vom 10. November 1861 unseres Wissens nach der
Staatsdienerpragmatik vollzogen. Man hat nie gehört, daß unter
jener staatlich ehrenvollen Stellung des Lehrerstandes die kirchliche
Wirksamkeit wäre beeinträchtigt worden.

Man macht es der Denkschrift zum Vorwurfe, daß sie die
Gemeinden von der Besetzung der Lehrerstellen auszuschließen, und
dieses Recht ganz in die Hände der Regierungen zu legen suche.
Wer die Verhältnisse, wie sie namentlich in den Landgemeinden
thatsächlich bestehen, aus eigener Anschauung und Erfahrung kennt;
wer da weiß, welche Mittel und Wege eingeschlagen werden, um
auf Grund des Art 2 des Gesetzes vom 10. Novbr. 1861 stän=
dige Schulstellen in Verweserstellen umzuwandeln; wem bekannt
ist, wie sehr häufig bei der Herstellung der Schulfassionen zur
Erreichung des gesetzlichen Minimalgehaltes verfahren wurde; wer
endlich weiß, wie gegenwärtig schon gegen manchen alten Lehrer,
der sich 40 und 50 Jahre lang in seinem Berufe müde gearbeitet,
von Seite mancher Gemeindeverwaltungen und Lokalschulinspek=
tionen gehandelt wird, um ihn vom Dienst und zur Pensionirung
zu bringen: der wird sich über das zukünftige Schicksal der Volks=
schule und ihrer Lehrer keinerlei Illusion hingeben, wenn die An=
stellung derselben in die Hände der Gemeinde gelegt wird. Oder
bedarf es gegenüber der Adresse der Gemeinde Rannungen und
Genossen an die hohe Kammer der Abgeordneten noch eines Be=
weises, in welche Bahnen eine bekannte Partei das Volksschulwesen
zu lenken sucht? — eines Beweises, welche Stellung die Lehrer
dann einnehmen würden, wenn die Bestrebungen jener Partei in
Rücksicht auf das Volksschulwesen verwirklicht würden? Nicht
das wahre Wohl und das wirkliche Interesse der Schule käme
dann mehr in Betracht bei der Wahl eines Lehrers, sondern die
auf Seite 47 der Denkschrift nur angedeuteten Motive. Insbe=

*) Großherzoglich Frankfurter Regierungsblatt 1 Bb., 54. Bl., S. 630.

sondere dürfte von einer Beförderung verheiratheter und älterer Lehrer — auch der tüchtigsten — keine Rede mehr sein und damit ein wesentliches Moment zur Aufmunterung in Treue und Fleiß im Amte wegfallen, obwohl wir damit keineswegs zugeben wollen, daß eine Aussicht auf Beförderung allein das Motiv zu treuer Pflichterfüllung sei oder sein dürfe. — Findet sich insbesondere der letzterwähnte Nachtheil für Beförderung älterer oder verheiratheter Lehrer nicht selbst bei Besetzung von Schulstellen in Städten, welche das Präsentations = oder Nominationsrecht besitzen? Und doch muß angenommen werden, daß da mehr die Intelligenz und die Rücksicht auf das wirkliche Interesse der Schule maßgebend ist, als dieß bei vielen (wir sagen keineswegs bei allen) Landgemeindeverwaltungen der Fall sein würde. Bei richtiger Würdigung der auch hier thatsächlich bestehenden Verhältnisse wird man zu der Ueberzeugung kommen, daß das kundige Auge des Gesetzgebers manche Schäden finden dürfte. Soll das Volksschulwesen in der That gefördert und nicht seinem Rückschritte und Verfall zugeführt werden, so muß „die Anstellung der Schullehrer durch die königliche Regierung nach Dienstalter, Befähigung und Würdigkeit geschehen."

Ebenso wie diese fußen auch jene Bitten der Denkschrift (S. 49 a—d), die Entlassung, Versetzung und disciplinäre Maßregelung betreffend, auf dem Boden der praktischen Erfahrung. Sie bezwecken nichts anderes, als daß auch die strafrechtliche Behandlung der Lehrer nach bestimmten und festen Gesetzen geschehe, und so der Willkür oder dem subjektiven Ermessen der nächsten Schulbehörden entrückt werde; und das ist man doch wenigstens einem Stande schuldig, dem man so gewichtige Pflichten auflegt. Man weiß, wie fühlbar in Bayern der Lehrermangel wird, und die diesjährigen Verhandlungen des oberbayerischen Landraths haben diesen wunden Fleck unseres Volksschulwesens bloß gelegt. Man würde aber sehr irren, wenn man glaubte, durch bloß materielle Aufbesserungen diesem Mangel Abhilfe schaffen zu können. Mehr als alle materielle Noth drückt den Lehrerstand seine rechtlose Stellung, doppelt schwer in einer Zeit, wo Alles nach größerer Selbstständigkeit mit Erfolg ringt. Es werden darum alle Versuche, wieder einen größeren Zugang zum Lehrberufe herbeizuführen, in so lange resultatlos bleiben, als man nicht dem Lehrer einen sichern Rechtsboden für seine berufliche und staatliche Stellung gewährt.

Vierter Abschnitt.

Bildung der Lehrer.

Ist in der That die Volksschule eine Unterrichts= und Er=
ziehungsanstalt, in welcher weitaus der größte Theil des Volkes
denjenigen Grad von Kenntnissen und Bildung erhält, welcher für
das politische und sociale Leben in seiner derzeitigen Erscheinung
erforderlich ist; hat sie die in die Menschennatur gelegten Anlagen
und Kräfte nach feststehenden Grundsätzen zur Entwickelung und
Entfaltung zu bringen, so daß der Mensch das wird, was er sei=
ner Bestimmung gemäß werden kann und soll: ein Mensch im
höheren und edelsten Sinne; dann bedarf man für sie Lehrer, die
in der Unterrichtskunst und in der Erziehungswissenschaft voll=
kommen zu Hause sind; Lehrer, die — nach Dr. K. Schmidt's
treffendem Ausdruck — wissen, was sie wollen, und kön=
nen was sie sollen; Lehrer, die fähig sind zu unterrichten
— nicht blos abzurichten —, zu erziehen, — nicht nur zu
dressiren. Volksbildung und Lehrerbildung stehen
in inniger Wechselbeziehung; soll die erste gedei=
hen, so muß die andere entsprechend und gewissen=
haft gepflegt werden. —

Durchdrungen von dieser Wahrheit wünscht die Denkschrift
vorzugsweise eine Umgestaltung der seitherigen Lehrerbildung als
dem Kern= und Angelpunkte der gesammten Schulfrage, denn das
A und O guter Schulen sind tüchtige Lehrer und wer gegen eine
tüchtige Lehrerbildung ist, der ist bei allen gelehrten Phrasen über
Erziehung und Unterricht, über Religion und Christenthum ein
Feind alles wahren und vernünftigen Fortschrittes, einer Ent=
wickelung der Menschheit zur höheren Stufe der Vollkommenheit,
ein Feind auch der wahren Religion. Für diese Behauptung
spricht sowohl die Geschichte der Erziehung und des Unterrichts,
als auch die Erfahrung. — Die Frage der Lehrerbildung ist in
der Schulreformfrage der Prüfstein der Geister. Wer da die
Bildung der Lehrer auf niedriger Stufe festzubannen sucht, dem
kann es nicht um das Wohl der Schule, nicht um Hebung des

Volkes, nicht um Förderung der Staatsinteressen, sondern nur um Beherrschung des Lehrerstandes und Ausbeutung der Schule zu Sonderzwecken zu thun sein.

Die Forderung einer zweckentsprechenden Lehrerbildung, die doch nur mit Rücksicht auf das Interesse der allgemeinen Volks= bildung gestellt ist und gestellt werden muß, wird von unsern Gegnern auf's heftigste bekämpft, und sie beweisen damit jedem Denkenden und Einsichtsvollen klar und deutlich, daß sie bei allen ihren „Beleuchtungen" der Grundgedanke leitet, einen Fortschritt in der Volksbildung möglichst aufzuhalten. Sie gerathen dabei in die sonderbarsten Widersprüche, trotz ihrer gerühmten Logik. Auf der einen Seite wirft man den Lehrern das geringe Maß ihrer Bildung vor, bezeichnet sie als „Halb= ja nicht einmal Halb= gebildete"; als „die armseligsten Subjekte, die bald der Verach= tung anheim fallen müssen, wenn nicht der Glanz der Kirche ihre Blöße deckt"; „verbildete Menschen, die im Frack und Glacé= handschuhen einherschreiten, daß sich der Bauersmann mit Weh= muth seiner alten christlichen Lehrer erinnert, die im einfachen Bauernkittel mit ihm Freud und Leid im christlichen Sinne theil= ten;" „Bübchen, die einige Jahre etwas Geigen und Orgeln ge= lernt; den Katechismus und einiges Andere auswendig gelernt, zwei Jahre lang dressirt, als 18jährige Jungen hinaus in eine Schule geschickt werden 2c." — „Der projektirte Luxus der 12 Artikel zum ABC=Lehren sei ganz dazu angethan, die bedenkliche Aufregung des volksschullehrervereinlichen Gehirns in völlige Ab= normität zu verwandeln." So der Chilianeums=Ritter. Er will schließlich die bisherige Bildung nach dem Normativ von 1857 nur noch etwas mehr beschnitten wissen, wohl damit es in Zu= kunft keine Schullehrer mehr gibt, welche, sei es in Denkschriften, sei es in öffentlichen Vorträgen oder wie immer offen aussprechen, wo sie der Schuh drückt. Als ob damit die aus der Lage der Dinge so leicht erklärliche Mißstimmung des Lehrerstandes zur Ruhe gebracht würde. So was erinnert denn doch gar zu stark an das, was man vom Vogel Strauß erzählt!

Herr Gaß sagt S. 20 seiner Beleuchtung: „Auch ohne dieses Selbstgeständniß (der Lehrer) weiß man, daß die Bildung der meisten Lehrer nicht weit her ist, und der größte Theil von ihnen nicht einmal sprachrichtig schreiben kann," und S. 29 zu Punkt 2: Grammatik ist sehr nöthig; denn selbst die Verfasser der Denk= schrift, die doch hervorragende Mitglieder der Lehrerschaft sind, haben vielfach, S. 5 allein zweimal gegen die Satzconstruction gefehlt" (was übrigens nur ein genialer Linguist wie Herr Gaß entdecken konnte); und zu Punkt 8: „Logik würde nöthiger sein." Dessenungeachtet kommt er zu dem Schluß: „Man bringe auf genauen Vollzug der allerh. Verordnung vom 15. Mai 1857 in allen Punkten;" d. h. man lasse es beim Alten. Auf welche Weise der Verfasser bei der Voraussetzung, — die nach dem genannten Normativ gehandhabte Bildung sei eine so unzureichende, daß die darnach Gebildeten nicht einmal sprachrichtig schreiben können —, dennoch zu dem Schluß kommt: „man bringe auf genauen Vollzug dieser Verordnung in allen Punkten" — können wahrscheinlich nur Leute, welche Logik nach seiner Weise studirt, begreifen; uns ist dieß zu wunderlich und zu hoch.

Herr Dr. Huller will, daß das Maß der Anforderungen bezüglich der Vorbildung des Lehrerstandes nicht „hinaufgeschraubt", sondern „herabgesetzt" werde, „gründliche Kenntniß des Nothwendigen" —, sagt uns aber nicht, worin das „Nothwendige" eigentlich besteht und fährt fort: „Daß so Manches beim Schulwesen noch im Argen liegt (und doch behauptet er S. 20 seiner Schrift, daß das Maß dessen, was in der deutschen Schule bisher gelehrt wird, für den größten Theil der Bevölkerung „vollständig ausreicht"!), daran ist großentheils die mangelhafte Bildung in den nothwendigen Lehrfächern und der geringe Eifer in der Schule und eigenen Fortbildung des Lehrerstandes Ursache*). Damit hat Herr Dr. Huller, ohne es zu wollen, eine schlimme Kritik der bisherigen Lehrerbildung geliefert. Denn wenn eine Bildung mangelhaft ist selbst in dem Nothwendigen; wenn sie nicht dazu angethan ist, den Berufseifer zu wecken; wenn sie nicht einmal eine sichere Grundlage zu geben und das Bedürfniß der eigenen steten Fortbildung, sowie die Lust dazu einzupflanzen vermag: dann ist eine solche Bildung schon im Prinzip eine verfehlte und falsche. Auf S. 38 und 39 ergeht sich der Verfasser in solchen Schmähungen über den Lehrerstand, daß wir sie als Ausfluß eines verbitterten und durchaus lieblosen Sinnes und Charakters lieber übergehen wollen; wir könnten sonst in Versuchung geführt werden, sie — ohne der Wahrheit zu nahe zu treten — reichlich zurückzuzahlen.

Mit seinen pädagogischen „Reformvorschlägen" bezüglich der Lehrerbildung hat sich der „Pädagog ex professo" vor der pädagogischen, und wohl der gebildeten Welt überhaupt ein vollgiltiges Armuthszeugniß ausgestellt und er wird darauf verzichten müssen, daß sein Name dereinst in der Geschichte der Pädagogik glänzt.

Merkwürdig bleibt immerhin, daß die geistlichen Gegner der Reform dem Volksschullehrer bezüglich seiner Bildung nicht ein-

*) S. 36 sagt Herr Dr. Huller an das Obige anschließend: „Die Unzufriedenheit des Lehrerstandes mit seiner Stellung und materiellen Lage hat ihren letzten Grund in der Verachtung seines Berufes und in dem Gelüsten nach Rang und Uniform." Wir erklären diese Behauptung, in so lange Herr Dr. Huller nicht den Beweis dafür beibringt, für das, was sie ist: für eine Verleumdung und für eine offenkundige Lüge.

mal das zugestehen wollen, was heutigen Tages den so viel ge-
priesenen „armen" Schulschwestern nicht einmal mehr abgeht:
die Kenntniß des Französischen. Warum sich die Herren denn
so gar sehr vor einem Lehrer mit gründlicher und umfassender
Bildung fürchten. Um hier sich die rechte Antwort zu geben,
braucht man nicht erst „Logik gehört" zu haben; es hilft schon
der gesunde Menschenverstand dazu.

Dem Normativ vom 15. Mai 1857 über die Bildung der
Lehrer konnte in der That nichts Schlimmeres begegnen, als daß
es Leute, aus deren Schriften der Haß gegen den Lehrerstand,
die offenbarste Verachtung desselben, so wie das Bestreben, die
Volksbildung niederzuhalten, ganz offenkundig zu Tage treten, so
sehr empfehlen. Es ist Thatsache, daß in allen Theilen unseres
Vaterlandes der Mangel an Lehrern immer mehr zu Tage tritt;
wir erachten es als unsere Pflicht, darauf hinzuweisen, daß dieser
Lehrermangel besteht, seit die erwähnte allerh. Verordnung das
Maß der Lehrerbildung so sehr herabsetzte, daß sie sich nicht über
das Niveau der gewöhnlichen Schulbildung erhebt. Denn dadurch
treten die Lehrer in offenbaren Widerspruch, nicht etwa nur mit
dem Emporschwunge der allgemeinen Wissenschaften, sondern mit
der fortschreitenden Bildung überhaupt, selbst jener, die unter dem
Volke immer mehr sich ausbreitet. Die Zeit schiebt die Lehrer
als unbrauchbar allmälig mehr und mehr bei Seite. Dazu
kommt, daß das Normativ die Lehrer der Geistlichkeit in einer
Weise unterstellt, die jede freie Bewegung im Keime erstickt und
den Lehrer in das Verhältniß eines blos Dienenden herabsetzt.
Erhalten die Lehrer eine zeitgemäße, entsprechende Bildung;
erhalten sie eine angemessene Stellung: dann wird der Mangel
an Lehrern bald aufhören und es werden der Regierung sicher
Lehrer, und gute Lehrer, in nöthiger Anzahl zu Gebote stehen*).

Der Grundsatz: die Lehrer nur in den Fächern zu unterrichten, die sie einst in der Schule zu lehren haben, ist falsch und
ebenso die aus diesem Satz abgeleiteten Schlußfolgerungen: daß
der Lehrer außerdem einen „Gelehrtendünkel" (!) annehme, hochmüthig, anmaßend, unzufrieden und für die Schule unbrauchbar
werde u. s. w. Wären diese Folgerungen richtig, dann müßten
unsere Gegner, die ihr Beaufsichtigungsrecht über Schule und
Lehrer insbesondere auch mit ihrer vielseitigen Bildung begründen,
doch wohl auch unbrauchbar für dieses Amt, sowie für ihren Beruf als Prediger und Jugendlehrer in der Christenlehre sein. Nicht

*) Man vergleiche die allerh. Verordnungen über die Bildung der Lehrer von
1809, 1836 u. 1837, und man wird sich der Ueberzeugung nicht verschließen können,
daß wir in Beziehung auf Lehrerbildung keines Fortschrittes uns rühmen können.

allen Punkten;" d. h. man lasse es beim Alten. Auf welche
Weise der Verfasser bei der Voraussetzung, — die nach dem genannten Normativ gehandhabte Bildung sei eine so unzureichende,
daß die darnach Gebildeten nicht einmal sprachrichtig schreiben
können —, dennoch zu dem Schluß kommt: „man bringe auf genauen Vollzug dieser Verordnung in allen Punkten" — können
wahrscheinlich nur Leute, welche Logik nach seiner Weise studirt,
begreifen; uns ist dieß zu wunderlich und zu hoch.

Herr Dr. Huller will, daß das Maß der Anforderungen bezüglich der Vorbildung des Lehrerstandes nicht „hinaufgeschraubt",
sondern „herabgesetzt" werde, „gründliche Kenntniß des
Nothwendigen" —, sagt uns aber nicht, worin das „Nothwendige" eigentlich besteht und fährt fort: „Daß so Manches beim
Schulwesen noch im Argen liegt (und doch behauptet er S. 20
seiner Schrift, daß das Maß dessen, was in der deutschen Schule
bisher gelehrt wird, für den größten Theil der Bevölkerung
„vollständig ausreicht"!), daran ist großentheils die mangelhafte Bildung in den nothwendigen Lehrfächern
und der geringe Eifer in der Schule und eigenen Fortbildung des Lehrerstandes Ursache*). Damit hat Herr
Dr. Huller, ohne es zu wollen, eine schlimme Kritik der bisherigen
Lehrerbildung geliefert. Denn wenn eine Bildung mangelhaft
ist selbst in dem Nothwendigen; wenn sie nicht dazu angethan
ist, den Berufseifer zu wecken; wenn sie nicht einmal eine sichere
Grundlage zu geben und das Bedürfniß der eigenen steten Fortbildung, sowie die Lust dazu einzupflanzen vermag: dann ist eine
solche Bildung schon im Prinzip eine verfehlte und falsche. Auf
S. 38 und 39 ergeht sich der Verfasser in solchen Schmähungen
über den Lehrerstand, daß wir sie als Ausfluß eines verbitterten
und durchaus lieblosen Sinnes und Charakters lieber übergehen
wollen; wir könnten sonst in Versuchung geführt werden, sie —
ohne der Wahrheit zu nahe zu treten — reichlich zurückzuzahlen.

Mit seinen pädagogischen „Reformvorschlägen" bezüglich der
Lehrerbildung hat sich der „Pädagog ex professo" vor der pädagogischen, und wohl der gebildeten Welt überhaupt ein vollgiltiges
Armuthszeugniß ausgestellt und er wird darauf verzichten müssen,
daß sein Name dereinst in der Geschichte der Pädagogik glänzt.

Merkwürdig bleibt immerhin, daß die geistlichen Gegner der
Reform dem Volksschullehrer bezüglich seiner Bildung nicht ein-

---

*) S. 36 sagt Herr Dr. Huller an das Obige anschließend: „Die Unzufrieden-
heit des Lehrerstandes mit seiner Stellung und materiellen Lage hat ihren letzten
Grund in der Verachtung seines Berufes und in dem Gelüsten nach Rang und Uniform." Wir erklären diese Behauptung, in so lange Herr Dr. Huller nicht den Beweis dafür beibringt, für das, was sie ist: für eine Verleumdung und für eine offenkundige Lüge.

mal das zugeſtehen wollen, was heutigen Tages den ſo viel ge-
prieſenen „armen“ Schulſchweſtern nicht einmal mehr abgeht:
die Kenntniß des Franzöſiſchen. Warum ſich die Herren denn
ſo gar ſehr vor einem Lehrer mit gründlicher und umfaſſender
Bildung fürchten. Um hier ſich die rechte Antwort zu geben,
braucht man nicht erſt „Logik gehört“ zu haben; es hilft ſchon
der geſunde Menſchenverſtand dazu.

Dem Normativ vom 15. Mai 1857 über die Bildung der
Lehrer konnte in der That nichts Schlimmeres begegnen, als daß
es Leute, aus deren Schriften der Haß gegen den Lehrerſtand,
die offenbarſte Verachtung deſſelben, ſo wie das Beſtreben, die
Volksbildung niederzuhalten, ganz offenkundig zu Tage treten, ſo
ſehr empfehlen. Es iſt Thatſache, daß in allen Theilen unſeres
Vaterlandes der Mangel an Lehrern immer mehr zu Tage tritt;
wir erachten es als unſere Pflicht, darauf hinzuweiſen, daß dieſer
Lehrermangel beſteht, ſeit die erwähnte allerh. Verordnung das
Maß der Lehrerbildung ſo ſehr herabſetzte, daß ſie ſich nicht über
das Niveau der gewöhnlichen Schulbildung erhebt. Denn dadurch
treten die Lehrer in offenbaren Widerſpruch, nicht etwa nur mit
dem Emporſchwunge der allgemeinen Wiſſenſchaften, ſondern mit
der fortſchreitenden Bildung überhaupt, ſelbſt jener, die unter dem
Volke immer mehr ſich ausbreitet. Die Zeit ſchiebt die Lehrer
als unbrauchbar allmälig mehr und mehr bei Seite. Dazu
kommt, daß das Normativ die Lehrer der Geiſtlichkeit in einer
Weiſe unterſtellt, die jede freie Bewegung im Keime erſtickt und
den Lehrer in das Verhältniß eines blos Dienenden herabſetzt.
Erhalten die Lehrer eine zeitgemäße, entſprechende Bildung;
erhalten ſie eine angemeſſene Stellung: dann wird der Mangel
an Lehrern bald aufhören und es werden der Regierung ſicher
Lehrer, und gute Lehrer, in nöthiger Anzahl zu Gebote ſtehen*).

Der Grundſatz: die Lehrer nur in den Fächern zu unterrichten, die ſie einſt in der Schule zu lehren haben, iſt falſch und
ebenſo die aus dieſem Satz abgeleiteten Schlußfolgerungen: daß
der Lehrer außerdem einen „Gelehrtendünkel“ (!) annehme, hochmüthig, anmaßend, unzufrieden und für die Schule unbrauchbar
werde u. ſ. w. Wären dieſe Folgerungen richtig, dann müßten
unſere Gegner, die ihr Beauffichtigungsrecht über Schule und
Lehrer insbeſondere auch mit ihrer vielſeitigen Bildung begründen,
doch wohl auch unbrauchbar für dieſes Amt, ſowie für ihren Beruf als Prediger und Jugendlehrer in der Chriſtenlehre ſein. Nicht

*) Man vergleiche die allerh. Verordnungen über die Bildung der Lehrer von
1809, 1836 u. 1837, und man wird ſich der Ueberzeugung nicht verſchließen können,
daß wir in Beziehung auf Lehrerbildung keines Fortſchrittes uns rühmen können.

eine gründliche Bildung macht dünkelhaft, aufgeblasen, hochmüthig u. s. w.: nein, gründliche Bildung macht bescheiden und demüthig, zufrieden bei äußerer Mühe und Arbeit, selbst bei Entbehrung, denn im Innern sprudelt ein lebendiger Quell der geistigen Erquickung und Erholung; gründliche Bildung wird auch dem Lehrer sicherlich nicht als „Bleigewicht auf der Seele liegen," sondern sie wird diese freier, heiterer und kräftiger machen für freudiges Wirken im Berufe.

Wir verstehen unter „gründlicher Lehrerbildung" nun aber durchaus nicht eine Summe von Kenntnissen in Wissensfächern verschiedener Art; wir wollen nichts weniger, als daß die Lehrer zu Gelehrten gebildet werden, vollgestopft mit einer Masse von allem möglichen Wissen, nur „um den Gebildeten ebenbürtig" zu sein. Aber wir wollen eine Bildung, die für den Lehrer und Erzieher in ihrer Art und in ihrem Kreise vollständig und sachgemäß ist und der man den Vorwurf der Halbbildung mit Recht nicht machen kann; wir wollen auch für die Lehrer eine allgemeine Grundbildung, auf welcher die specielle Fachbildung mit dauerndem Erfolge aufgeführt werden kann; eine Bildung, die den Lehrer selbst nicht geistig verkrüppelt, sondern ihn — soweit dieß durch Bildung überhaupt möglich ist - zum ganzen Menschen macht; eine Bildung, die den Lehrer befähigt, den für die geistige Entwickelungsstufe des Kindes dienlichen Bildungsstoff auszuwählen, das ganze Gebiet desselben zu überschauen, zu ordnen, klar darzulegen und dem kindlichen Geiste — um uns eines gewöhnlichen Ausdruckes zu bedienen — recht mundgerecht zu machen, mit einem Worte: wirklich unterrichten zu können. Dazu gehört aber, daß er die Gesetze der Entwickelung des menschlichen Körpers und Geistes und die Wechselwirkung zwischen Seele und Leib erkannt haben muß, daß er keine Kraft der Seele auf Kosten der andern beim Unterrichte bevorzugt, keine vernachlässigt, sondern gleichmäßig entwickelt; daß er Neigungen, Triebe, besondere Anlagen, Fehler ꝛc. weise beherrscht, leitet und lenkt. Kann der Lehrer das nicht, dann ist er kein Erzieher; ist er nicht des Unterrichtsstoffes in allen Beziehungen vollkommen Herr und Meister, dann ist er kein Lehrer. Wir wollen daher eine Bildung, die den Lehrer vollständig befähigt ein rechter Lehrer und ein rechter Erzieher zu sein, — nicht mehr und nicht weniger. — Betrachtet man freilich den Lehrer als einfachen Schulhalter, der nur dazu da ist, den Kindern eine eben unerläßliche Summe von Kenntnissen, gleichviel auf welche Weise, beizubringen: dann allerdings ist eine bessere Lehrerbildung überflüssig und sie mag, damit das Volk nur ja nicht geistig geweckt werde, noch mehr beschnitten und vertieft werden, so sehr, daß in diese Vertiefung kein Strahl besserer Erkenntniß und geistigen Lebens mehr leuchtet. Alle wahren Pädagogen verlangen eine tüchtige, mehr in die Breite und Tiefe gehende Lehrerbildung, nicht um einen eigenen Gelehrtenstand damit zu schaffen, sondern einer entsprechenden Volksbildung willen. Mit Bezug darauf sagt Lüben:

„Sonach sind für allseitige Bildung des kindlichen Geistes — Lesen, Schreiben, Rechnen (mit Geometrie), Sprache, Religion, Geschichte, Geographie, Naturkunde, Zeichnen, Gesang — erforderlich. Und wer davon auch nur einen Theil streicht, der beeinträchtigt die Jugendbildung und tritt dadurch der Volksbildung im Ganzen, dem Fortschreiten der gesammten Menschheit hindernd in den Weg. Wer das wissentlich thut, versündigt sich schwer und verdient unschädlich auf dem Gebiete der Volksbildung gemacht zu werden, der verdient, daß der Genius der Menschheit ihn auf immer brandmarkt.“ —

Um zu beweisen, daß die Lehrerbildung weder intensiv noch extensiv geändert zu werden brauche, beruft man sich auf diese und jene Autorität, ignorirt aber das Verlangen des Lehrerstandes nach einer bessern Bildung, oder schiebt ihr gar ganz unreine Beweggründe unter. Und doch dürfte gerade dieser Wunsch um so mehr Beachtung finden, als ja die Lehrer selbst den derzeit vorgeschriebenen Bildungsgang durchlaufen haben und daher wissen müssen, ob derselbe für die Volksbildung und Erziehung ein genügender ist oder nicht, wissen müssen auch in diesem Fall, „wo sie der Schuh drückt“, und daß in so engen Schuhen die Erreichung eines fernen Zieles sehr schwer, wenn nicht unmöglich wird. Doch finden sich zu unserer Freude auch Männer, die, wenn auch mit der Denkschrift im Ganzen nicht einverstanden, doch dem Streben der Lehrer nach einer besseren Bildung, wenigstens theilweise Gerechtigkeit widerfahren lassen. So Herr Dr. Kraußold in: „Trennung der Schule von der Kirche mit einem Anhang über Lehrerbildung;“ die „Beleuchtung der Denkschrift ꝛc. von einem alten Geistlichen und praktischen Schulmann;“ v. Lachemair in seiner schon mehrerwähnten Schrift *). So dankbar wir nun

---

*) Herr v. Lachemair sagt S. 59 derselben: „Was endlich die Forderung nach besserem Gehalte, nach Sicherung der Zukunft des Lehrers und seiner Familie, so wie nach größerem Einflusse und Betheiligung an der formalen und technischen Seite des Unterrichtswesens betrifft, so kann man hierüber verschiedener Meinung sein, aber bestreiten läßt sich einmal nicht, daß ihr ein gewisser Grad innerer Berechtigung inne wohnt und daß ihre Nichtgewährung den schon vorhandenen Stoff der Unzufriedenheit nur noch mehren und zur entschiedenen bewußten Gegnerschaft ausbilden werde. Ich für meine Person finde namentlich die Forderung des Lehrerstandes nach Betheiligung an der formalen und technischen Seite des Unterrichtswesens im Interesse der Schule eben so sehr wie des Lehrerstandes wohlbegründet und leicht erfüllbar, so wie ich nichts sehnlicher wünsche und zwar aus denselben Gründen, als daß das ganze Conferenzwesen zunächst in die Hände der hiezu tauglichsten und erprobtesten Lehrer gelegt werde.“
Bei einer Betheiligung an der formalen und technischen Seite des Unterrichtswesens setzt Herr v. Lachemair gewiß auch eine entsprechende Bildung der Lehrer voraus und wir wollen ihm unsern Dank für die obige, wie für manche andere Stelle seiner Schrift nicht versagen, weil uns aus derselben mehrfach Achtung und Liebe für den Lehrerstand entgegen tritt. Und wo das der Fall ist, da finden sich auch die Anknüpfungspunkte zur Verständigung.

auch für solches Anerkenntniß sind, so wenig vermögen wir jedoch die von Ersterem zur Hebung der Lehrerbildung vorgeschlagenen eigenen Präparandenanstalten als zweckdienlich zu betrachten. Die in der Denkschrift dargelegten Gründe gegen eigene Anstalten sind durchaus nicht widerlegt worden und jeder, dem es in der That um eine entsprechende Lehrer= und damit auch Volksbildung zu thun ist, wird deren Stichhaltigkeit zugeben, wie dies schon der Herr Landtagsabgeordnete, Pfarrer Gelbert in Landau in seiner wohlbegründeten Erklärung eines Landtagsabgeordneten gethan hat *).

Die Denkschrift hatte für die allgemeine Grund= und Vorbildung der Schulamtszöglinge die zu errichtenden Realgymnasien in Aussicht genommen in der Voraussetzung, daß dieselben eine solche Einrichtung erhalten würden, welche die allgemeine Vorbildung auch für diese ermöglichte, Anstalten also, wie sie Norddeutschland in seinen höheren Bürgerschulen bereits besitzt, in denen besonders die allgemeine Bildung, jedoch ohne Vorbedingung des Latein, durch Mathematik, deutsche und neuere Sprachen, Geschichte, Geographie, Naturgeschichte und Naturlehre 2c. gepflegt wird. Nachdem jedoch die Realgymnasien eine ganz andere Einrichtung erhalten haben und vorherrschend technische Zwecke verfolgen, überdies das Absolutorium der Lateinschule voraussetzen und mithin einen für die Seminarvorbildung zu ausgedehnten Zeitraum in Anspruch nehmen, so kann von ihnen als Vorbereitungsanstalten für die Schulamtszöglinge keine Rede mehr sein. Das haben wir erkannt, sobald uns die Organisation dieser Anstalten bekannt wurde, ohne erst die spöttischen Belehrungen unserer Gegner deßhalb zu bedürfen. Abgesehen davon ist in der Denkschrift die meist allgemeine Bezeichnung „Realanstalt" gebraucht (S. 26, 3. 4, S. 57 in der diesbezüglichen Proposition) und ausdrücklich beigefügt: „Realgymnasium oder Gewerbeschule" (S. 56, 3. 4 v. u.). Man sieht daraus, daß dieses bei Abfassung der Denkschrift noch eine offene Frage war; nur darüber war man im Reinen, daß der realistische Bildungsgang der zweckmäßigste für die Vorbildung des Lehrerstandes sei, und daran halten wir auch heute noch fest.

Es entsteht nun für uns die Frage: Lassen sich nicht die Gewerbeschulen, auf welche schon die Denkschrift hingewiesen, so gestalten und einrichten, daß sie auch für die Vorbildung

---

*) Die Verhandlungen der Kammer der Abgeordneten über die Schullehrerseminarien im Königreich Bayern vom Jahr 1863. Eine abgenöthigte Erklärung des Abgeordneten P. Gelbert, Pfarrers zu Landau. Landau, Druck von Eb. Kaußler, 1864. Möge sich Herr Landtagsabgeordneter Pfr. Gelbert für diese Erklärung und für die richtige Würdigung unsres Strebens auf diesem Wege unsern Dank gefallen lassen! —

der Lehramtszöglinge geeignet sind? Freilich bedürften auch sie
in diesem Falle einer theilweisen Umgestaltung und Erweiterung,
namentlich in einzelnen Unterrichtsfächern, wie z. B. gründlichere
Behandlung der deutschen und französischen Sprache, der Geschichte
und Geographie 2c. Allein, haben sich nicht schon vielseitig Stim=
men erhoben auch für eine Reform der Gewerbschulen und gründ=
lichere Behandlung eben dieser Unterrichtsfächer? Stimmen auch
dafür, daß den Gewerbschulen eine solche Einrichtung gegeben wer=
den möge, daß sie eben sowohl Vorbereitungsanstalten für weiter geh=
ende technische Studien würden? Der derzeitige Lehrplan der Gewerb=
schulen ist noch kein endgiltiger; man wird erst noch Erfahrungen
sammeln müssen, ehe man auch hier eine feste Norm setzen kann.
Die Errichtung der Realgymnasien that der Frequenz der Gewerb=
schulen namhaften Eintrag, und man vermuthet nicht mit Unrecht,
daß die III. Curse meist eingehen werden. Unter solchen Umstän=
den könnte die Zuweisung der Schulpräparanden an die Gewerb=
schulen für diese selbst nur wünschenswerth und vortheilhaft sein.

Ohne Zweifel wären die Gewerbschulen bei zweckmäßiger Ein=
richtung die vollkommen geeigneten Vorbildungsanstalten für die
Schulamtszöglinge, denn nicht nur würden diese darin ein ent=
sprechendes Maß allgemeiner Vor= und Grundbildung empfangen,
sondern sie würden auch — und darauf legen wir ein ganz beson=
deres Gewicht - gemeinschaftlich mit Andern und nicht für
sich abgeschlossen ihre Vorbildung empfangen; sie würden damit
in ihrem Bildungsgang mehr der Allgemeinheit angehören und
nicht zum Nachtheil für ihre spätere Fachbildung und ihren künf=
tigen Beruf von vornherein isolirt werden. Für die erforderliche
musikalische Ausbildung der Schulamtszöglinge ließe sich dabei
gewiß leicht und ohne große Kosten Veranstaltung treffen; jeden=
falls dürften dieselben bei Erweiterung der Gewerbschulen sich weit
geringer berechnen, als bei der Errichtung von eigenen Präpa=
randenschulen.

Was die gegen eine Neugestaltung der Seminare vorgebrachten
Einwände betrifft, so sind sie alle einer und derselben Wurzel
entwachsen: dem Bestreben, die Lehrerbildung nicht zu heben,
sondern wo möglich noch tiefer herabzudrücken. Offen spricht sich
das aus in Stützle's Vorschlag: „Ein Jahr (!) im Seminar
dürfte genügen, um die Zöglinge für ihren eigenen Beruf als
Lehrer, Meßner (dafür wäre natürlich ein Drittheil der Zeit
nöthig) und Organisten zu bilden." (Stützle, S. 17) und in
Dr. Hullers Votum: 1) daß der Seminarunterricht nicht den
Anschein wissenschaftlicher Vorlesungen annehme,*) und

---

*) Am Gründlichsten wird das — wie in der That geschieht - dadurch vermie=
ben, wenn man den Seminaristen dickleibige Hefte diktirt oder sie eine Erziehungslehre
abschreiben läßt.

dadurch einen falschen Wissensdünkel in dem Gehirne des angehenden Schullehrers einpflanze, und 2) daß die Schullehrerseminarien auf das Land verlegt werden.*) Andere Herren sind etwas feiner und nehmen nur Anstoß an der Zahl der in der Denkschrift aufgeführten Lehrgegenstände. Ist auch nur Einer derselben überflüssig für den Lehrer und Erzieher?

Als im „Staate der Intelligenz" die Wissenschaft zur „Umkehr" commandirt werden wollte, entstanden die „preußischen Regulative." Wir haben über dieselben nichts zu sagen, verweisen aber auf die wahrhaft vernichtende Kritik, welche Dr. Karl Schmidt in seiner „Geschichte der Pädagogik" (Bd. 4 S. 311—322) gegen sie ausübt. Er schließt diese Kritik mit folgenden Worten:

> Summa: Die Regulative haben die Rohheit, die Ungebildetheit, den Handwerkssinn, der noch bei vielen Volkslehrern herrscht, so wie die Erbärmlichkeiten, die trotz Pestalozzi noch in vielen Schulen bestehen, — sie haben das mechanische, handwerksmäßige Treiben in der Lehrerbildung wie in der Schulerziehung zum Ideal der Volksschule erhoben. Das ist ihr Verbrechen an der Volkserziehung der Gegenwart."

Wir führen diese Regulative deßhalb hier an, weil seit ihrem Erscheinen auch bei uns in Bayern die Lehrerbildung einen Rückschlag erlitten hat und durch das Normativ vom 15. Mai 1857 auf ein so bescheidenes, ja kärgliches Maß zurückgeführt ist, daß dadurch die nachtheiligsten Folgen für eine wahre Volksbildung ganz naturgemäß eintreten müssen. — Was darin über den Religionsunterricht und dessen Zweck gesagt ist, ist gewiß sehr schön und sind damit die höchsten Ziele desselben vollkommen richtig angedeutet. Allein die Art und Weise seiner Ertheilung scheint — wenn wir unseren Gegnern Glauben schenken wollen — die Erreichung dieser Zwecke nicht ermöglicht zu haben. Genügt eine Ertheilung dieses Unterrichts auch für den künftigen Lehrer, wie ihn die Beichtkinder, Communicanten und Confirmanden erhalten? Der Sprachunterricht geht nicht über ein richtiges Lesen, die Grammatik nicht über die Wort- und Satzlehre, die praktische Anwendung derselben nicht über die gewöhnlichen Geschäftsaufsätze hinaus. „Die Sprache eines Volkes ist die Offenbarung seines Geistes. Die Grammatik dieser Sprache ist die Volkslogik. Die klassischen Literaturwerke sind die Großthaten

---

*) Schade, daß nicht dabei steht: wie in Mecklenburg, und die Zöglinge wie dort, nebenbei im Holzschuhschnitzen, Kochlöffelmachen ꝛc. geübt werden. Dafür hat das schöne Mecklenburg auch schon, was man bei uns von einer Seite anzustreben sucht: einen Rückgang der allgemeinen Volksbildung, so zwar, daß bereits jetzt schon ein großer Theil der Bevölkerung weder lesen noch schreiben kann. Leider ist nur zu wahr, daß bei Vernachlässigung des Volksunterrichts Brutalität und Verbrechen überhand nehmen. Es weist das die Verbrecherstatistik in Deutschland, Frankreich und England unwiderleglich nach; so konstatirt u. A. die Times, daß von 19,927 Verbrechern, welche im Jahre 1843 in England verurtheilt wurden, nur 390 lesen und schreiben konnten und kaum etwas die Bibel verstanden.

dieses Volksgeistes. In der Muttersprache tritt dem Einzelnen der Geist des Volkes entgegen, dem er eingegliedert ist und von dem er lebt. Durch die Muttersprache erst und in ihr wird dem Menschen sein eigenes Geistesleben klar, und erst durch sie wird alles Wissen in ein inneres' lebendiges Leben verwandelt. Darin der Grund, daß das Seminar bei seinem Unterricht auf die deutsche Sprache und deren Literatur einen besonderen Ton legt." Genügt mithin für den Lehrer ein so gar eng begrenzter Unterricht in der Sprache, und darf er prinzipiell von der klassischen Literatur und ihrer Geschichte ohne den größten Nachtheil für seine eigene Geistesbildung ausgeschlossen werden? Wenn die formelle Grundbildung das Erlernen fremder Sprachen, insbesondere der lateinischen, zur Voraussetzung hat, ist dann dem Lehrer bei der Scheu, mit der man ihn vom Studium fremder Sprachen abzuhalten sucht, nicht der Weg zu formaler Grundbildung geradezu verschlossen, und wird ihm namentlich eine entsprechende Weiterbildung nicht fast unmöglich gemacht?

Hinsichtlich des Unterrichts im Rechnen beschränkt sich das Normativ darauf, daß „im ersten Jahre die Anweisung gegeben wird in demjenigen Theile des Rechnens, der den untern Abtheilungen der deutschen Schule angehört, das zweite Jahr aber die der oberen Schulklasse zugewiesenen Abschnitte umfaßt." Kann denn ein solcher Unterricht auch für den Lehrer genügen, nachdem die Gewerbschule ihren Schülern ein höheres Maß gewährt? Gehört denn nicht der Unterricht in der Arithmetik auch zur allgemeinen Geistesbildung?

Kann das noch ein Unterricht in der Geschichte genannt werden, wenn man aus letzterer blos Bruchstücke gibt, und geht damit nicht der eigentliche ethische Zweck dieses Unterrichts verloren?

In den „Grundlagen zu einem Regulativ für ein Volksschullehrerseminar nach den Forderungen der Gegenwart" sagt Dr. K. Schmidt § 5:

„Die theoretisch=pädagogische Bildung hat als ihre Unterlage die Anthropologie. Nur ein Anthropologe kann ein Pädagoge sein. Die Anthropologie muß erst gesagt haben: Das und so ist der Mensch; — ehe die Pädagogik sagen kann: Das und so ist des Menschen Erziehung. Ohne Kenntniß des menschlichen Organismus weiß der Erzieher, weder wie er das Kind erziehen kann, noch wie er das Kind erziehen soll. Nur wer die Gesetze kennt, auf denen das leibliche und geistige Leben des Menschen ruht, und nach denen es sich entwickelt, kann den Menschen seinem Ziele zu naturgemäß erziehen. Die theoretisch=pädagogische Bildung des Seminaristen hat sich deßhalb zunächst auf die Erkenntniß des Menschen nach seiner leiblichen und geistigen Seite zu erstrecken."

Wer Anthropologie und Psychologie aus dem Bildungsplane der Lehrer streicht, der streicht diese selbst aus der Reihe der Erzieher. Wie kann der erziehen und erziehend unterrichten, bilden,

der sein Erziehungsobjekt weder nach seiner leiblichen und noch
viel weniger nach der wichtigsten, der geistigen Seite hin auch nur
im mindesten kennt?

Die Erziehungs = und Unterrichtslehre hat Anthro=
pologie und Psychologie zur Unterlage. Erziehungs= und Unter=
richtslehre sind die eigentliche Wissenschaft des Lehrers. Wie es
aber keine Wissenschaft gibt ohne ihre Geschichte, so muß auch
hier die Geschichte der Pädagogik hinzutreten, denn ohne
diese gewinnt die erstere weder sicheren Halt, noch rechtes Ver=
ständniß.

Das Seminar soll und darf daher „keine Abrichtungsanstalt
für praktische Brauchbarkeit der Lehrer" sein, sondern sie muß eine
dem Lehrerberuf entsprechende abgerundete Bildung gewähren. Die
erstere Anschauung hat schon Harnisch als nichtig zurückgewiesen,
wenn er sagt:

> „Man hat in manchen Seminaren es nicht erkennen wollen, daß ein großer
> Unterschied sei zwischen Dem, was ein angehender Lehrer zu lernen, und was
> er daraus zu lehren habe, und wohl gemeint; man könne im Seminar Alles
> so lehren, wie es solle in der Volksschule gelehrt werden; aber wenn daran
> auch Manches wahr ist, so kann doch ein Seminarist nimmermehr ein kleines
> Schulkind werden, und es ist höchst langweilig für ihn, eine lange Zeit im
> Seminar durchgekindert zu werden." —

Daß zur entsprechenden theoretischen und praktischen Bildung
der Lehrer in diesen Fächern ein dreijähriger Seminarkursus erfor=
derlich ist, bedarf wohl keines weiteren Beweises; ebenso, daß ein
intensives Eingehen in die einzelnen Wissensfächer nur in so weit
erforderlich ist, als dieß der Zweck einer vollkommen entsprechenden
Lehrerbildung nöthig macht.

Während nun der größere Theil der Geistlichkeit eine höhere
Bildung als durchaus unnöthig bezeichnet, ja sie sogar gefährlich
findet, durchdringt die Ueberzeugung von der Nothwendigkeit einer
solchen nicht bloß den gesammten Lehrerstand, sondern den ganzen
gebildeten Theil des bayerischen Volkes, und wird auch von der
hohen Staatsregierung getheilt, wie die Beantwortung der Inter=
pellation des Abgeordneten Herrn Pfarrers Dr. Schmidt durch
den Herrn Kultusminister von Koch beweist, in welcher die Zu=
sicherung enthalten ist, daß die Königl. Staatsregierung entschlossen
sei, „den berechtigten Anforderungen der Zeit und eines gehobenen
Kulturlebens Rechnung zu tragen."

Welche Anforderungen aber das gehobene Kulturleben an die
Lehrerbildung macht, spricht sich am besten in den Beschlüssen des
preußischen Abgeordnetenhauses vom 24. März 1863, „Grundzüge
zum Unterrichtsgesetz für das Königreich Preußen" aus, nach wel=
chen für dieses Gesetz folgende Grundsätze maßgebend sind:

1) Für Aufnahme in das Schullehrerseminar muß von den Präparanden ein höhe=
res Maß und eine zeitgemäßere Form der Vorbildung verlangt werden, als es

nach den Vorschriften der Regulative geschieht. Die genauere Feststellung des Maßes erfolgt durch das Unterrichtsgesetz.

2) Die Erlangung der geforderten Vorbildung ist der freien Wahl der Aspiranten zu überlassen.

3) Für die Ausbildung der Volksschullehrer auf den Seminarien ist das beschränkende, den gegenwärtigen Anforderungen des Volkslebens widersprechende System der Regulative zu verlassen, und dagegen in einem mindestens dreijährigen Kursus durch g r ü n d l i c h e und u m f a s s e n d e Unterweisung, namentlich auch in Geschichte und Naturwissenschaften den Zöglingen ein möglichst hohes Maß von Kenntnissen, so wie von religiös=sittlicher, wissenschaftlicher und pädagogisch praktischer Bildung zu gewähren. Zugleich müssen die Seminare den Zöglingen Gelegenheit bieten, im Lateinischen und Französischen ihre Kenntnisse zu erweitern.

4) An S e m i n a r i e n sind n u r s o l c h e L e h r e r a n z u s t e l l e n, d i e s i c h b e r e i t s a l s l e h r t ü c h t i g bewährt haben. Zu Seminar=direktoren sind nicht vorzugsweise Theologen zu ernennen; sondern vor allen Dingen bewährte Schulmänner und Pädagogen.

5) Die Seminarien sind nicht ausschließlich in kleine Städte zu verlegen.

6) Eine gesonderte Vorbildung für künftige Lehrer an Land= und Stadt= oder sogenannten Mittelschulen ist nicht einzuführen.

7) Das Internat in den Seminarien darf nicht obligatorisch und nicht mit einer solchen Hausordnung verbunden sein, die den Seminaristen vom Verkehr mit dem Leben außerhalb der Seminare abschließt.

8) Es ist durchaus kein Grund vorhanden, die auf Seminarien gebildeten Elementarlehrer von Schulvorsteherstellen (Rektoraten) an Elementar= und Mittelschulen auszuschließen und diese lediglich mit Literaten zu besetzen. Es müssen Prüfungen angeordnet werden, welche jedem Elementarlehrer die Möglichkeit gewähren, dies Ziel zu erreichen."

Diesen Grundbestimmungen einer legislativen Versammlung unter welcher sich viele gelehrte und hochgebildete Männer befinden, in deren Schulausschuß Schulmänner von gutem Klange thätig sind, und deren Referent über die mitgetheilten Resolutionen ein Geistlicher ist, stehen die Anschauungen unserer Gegner diametral entgegen. Sie wollen, daß „nach dem Maße der Schule auch die Bildungsaufgabe und das Bildungsziel in officiellen Schullehrerbildungsanstalten begrenzt"; daß „das Unterrichtsmaß, wie es in der Denkschrift S. 60—62 verzeichnet ist, bedeutend ermäßigt werde."

Zu der Weisheit unserer hohen Staatsregierung vertrauen wir jedoch, daß sie derartige, den Bitten der Lehrer um eine entsprechende Bildung entgegentretenden Kundgebungen in ihrem eigentlichen Grunde erkennen und nach ihrem wahren Werthe würdigen werde. „Die Zukunft des bayer. Lehrerstandes ist (nach unserer Ueberzeugung) weit mehr abhängig von der Frage der „Lehrerbildung", als von der anderen Frage „Stellung und Beaufsichtigung der Lehrer". An dem, was jeder der einzelnen staatlichen und kirchlichen Faktoren — auch die gesonderten politischen Parteien — uns in dieser Hinsicht zumißt, wollen wir deren wahre Gesinnung gegen die Volksschullehrer erkennen. Auf welcher Seite werden wir unsere besten Freunde finden?"

5

— — So äußerte sich der Redakteur des Schulblattes aus Franken, einer der Schullehrer, welche durch das besondere Vertrauen des hohen Staatsministeriums des Innern für Kirchen= und Schul= angelegenheiten mit zur Berathung der Grundzüge der künftigen Lehrerbildung von Hochdemselben berufen waren.

Die Forderungen der Denkschrift des bayer. Lehrervereines sollen „überspannt“ sein; und doch stellt die Vertretung des preußi= schen Volkes noch viel weiter gehende, und wenn auch scheinbar die eben angeführten „Grundzüge zu einem Unterrichtsgesetze“ ihrer thatsächlichen Verwirklichung noch ferne stehen, wenn auch in jenem Staate viele Lehrer noch erbärmlich besoldet sind, so er= bärmlich, daß einer buchstäblich Hungers gestorben ist; so beweist dies nur, daß auch dort eine Partei die Volksschule noch in schmachvollen Fesseln zu halten bemüht ist. — Auch das bereits in Wirksamkeit getretene „Volksschulgesetz für das Herzogthum Sachsen= Gotha“ fordert mehr als unsere Denkschrift bezüglich der Lehrer= bildung verlangt. Dasselbe bestimmt nämlich in dieser Hinsicht:

§ 31. „Bedingung für die Aufnahme in das Seminar ist Gymnasial= Vorbildung, und zwar mindestens die Reife für die Sekunda des Gym= nasiums, oder die Reife für die Prima des Progymnasiums in Ohrdruf, oder ein der Höhe dieser Förderung gleichstehendes Examen.

§ 32. Zu den bereits auf dem Gymnasium behandelten Lehrstoffen (mit Ausschluß der fremden Sprachen) treten mindestens im Seminarunterrichte noch ein:
a) Pädagogik und Geschichte derselben;
b) Anthropologie und Psychologie;
c) Literaturgeschichte;
d) Musik.

§ 33. Die bereits auf dem Gymnasium behandelten Lehrstoffe werden theils vervollständigt, wie namentlich Mathematik und Naturwissenschaften, theils unter Berücksichtigung ihrer Behandlung in der Volksschule durch Reproduktion befestigt.“

Nach diesen Beweisen für die Richtigkeit und Mäßigung der Aufstellungen in der Denkschrift bedarf es wohl keiner weiteren Widerlegung der Einwürfe gegen dieselbe. Nur einige Punkte müssen wir noch einer näheren Würdigung unterziehen.

Es wird behauptet, ein solches Maß der Bildung wie es die Denkschrift beansprucht, macht die Lehrer unpraktisch und unbrauch= bar für ihren Beruf, indem sie ja nur das ABC zu lehren haben; mache sie unzufrieden mit ihrer Stellung, und gebe ihnen eine vorwiegende Verstandesrichtung, welche sie leicht der patriotischen Haltung beraube.

Wir haben bereits oben nachgewiesen, daß nur ein tüchtig und gründlich gebildeter Lehrer seiner Aufgabe als Lehrer und Erzieher wirklich und vollkommen entsprechen kann. Jedem Ein= sichtsvollen wird das klar sein. Ist dieser Satz aber richtig, so wird der Lehrer durch gründliche Bildung nicht unpraktisch und unbrauchbar, sondern praktisch und brauchbar. Oder findet gerade

bei der Erziehung und dem Unterrichte allein ein umgekehrtes
Verhältniß statt? Wer da glaubt, der Lehrer habe bloß das ABC
zu lehren, der hat gar kein Recht, weil keine Befähigung, in den
Angelegenheiten der Volksschule ein Wort zu reden. — Tüchtige
Bildung auch des Verstandes kann unmöglich der patriotischen
Haltung berauben. Sollte denn in geistiger Beschränktheit oder
in der Halbbildung der Patriotismus seine Wurzeln haben? Oder
sollten unsere vaterländischen Verhältnisse eine verständige Beur-
theilung nicht ertragen können? Die heilige Liebe zu König und
Vaterland hat ihre stärksten Wurzeln in einer gründlichen, zeitgemäßen Volksbildung. Auch der Einwand ist nicht stichhaltig,
daß bei höheren Bildungsansprüchen sich die dem Schulfache wid-
menden Jünglinge noch mehr vermindern und einem andern Lebens-
beruf zuwenden werden. Wir sind fest überzeugt, daß gerade das
G e g e n t h e i l stattfinden wird, wenn die Lehrer eine andere Bildung, eine andere Stellung und eine Besoldung erhalten, die sie
vor den drückendsten Nahrungssorgen sicher stellt. Jetzt müssen
die Seminare ohne lange Wahl nehmen, was kommt, um nur
das dringendste Bedürfniß zu befriedigen. Bei der gewünschten
Aenderung der jetzigen Lehrerverhältnisse wird manche geachtete
und wohlhabende Familie ihren Sohn dem Lehrerstande zuführen,
denn er wird dann in diesem jetzt so verächtlich angeschauten Stande
ein geachteter Mann sein.

Der andere Punkt, auf welchen wir näher einzugehen veran-
laßt sind, ist das von unsern Gegnern so hoch gepriesene, so sorg-
lich in Schutz genommene J n t e r n a t an den Seminarien.

Daß unsere Gegner nicht Freunde der Lehrer sind, das haben
sie in ihren Gegenschriften so deutlich bewiesen, daß darüber gar
kein Zweifel bestehen kann. Es müssen daher ihre Schutzreden
für das Internat dieses selbst verdächtig machen, denn wenn es
eine Wohlthat für die Lehrer wäre, würde es schwerlich von jener
Seite so sehr für diese empfohlen und als durchaus nothwendig
geschildert werden. Wenn übrigens eine Einrichtung von Allen,
welche dieselbe durchlebt haben, auch noch in reiferen Jahren so
einstimmig verurtheilt wird, so ist das denn doch ein Beweis, daß
die angeführten Vortheile von den Nachtheilen, die gerade diese
Einrichtung mit sich bringt, weit überwogen werden *). Man
könnte die eklatantesten Beweise, besonders für die angegriffene
Behauptung, daß dieselbe namentlich der Charakterbildung in
hohem Grade schädlich sei**), erbringen, will es jedoch mit Rücksicht

*) Auch die seinerzeit durch das k. Staatsministerium berufene Commission hat
das Internat verworfen.
**) Oder ist es förderlich für die Charakterbildung und für die Bildung über-
haupt, wenn Seminaristen als Ochsen, Esel, Hornvieh ꝛc. titulirt und mit Ohrfeigen
von dem geistlichen Herrn Vorstande regalirt werden? —

auf das alte Sprüchwort: exempla sunt odiosa für jetzt noch un=
terlaffen, um so mehr, als man der Hoffnung Raum geben darf,
daß in dieser Beziehung den Wünschen der Lehrer entsprochen
werden dürfte. Doch hören wir auch über das gelobte Internat
das Urtheil eines anerkannt tüchtigen Pädagogen:

Gräfe sagt darüber schon 1850:

„Wenn auch die ganze Aufsicht, Leitung und Behandlung der Zöglinge eine
väterliche wäre, so würde doch unter noch so günstigen Verhältnissen es
den künftigen Lehrern an hinlänglicher Gelegenheit fehlen, zu derjenigen geistigen,
sittlichen und geselligen Selbstständigkeit sich heranzubilden, und so viel Lebens=
erfahrung, Menschenkenntniß, Abgeschliffenheit der Sitten, geselligen Takt sich
anzueignen, als sie für ihren geistigen Beruf und zur segensreichen Ausübung
des Lehramtes bedürfen.“ „Selbst ohne, ja gegen den Willen der Seminar=
lehrer muß sich ein äußerlicher Zwang, eine unumschränkte Herrschaft der Form,
ja eine Despotie der Lehrer herausbilden, die jede Regung des freien Willens,
jeden Keim von Selbstständigkeit des Geistes und Willens in den künftigen
Lehrern unterdrückt. Dagegen erhält der knechtische Sinn reichliche Nahrung,
oder Betrug und Heuchelei erzeugen sich in den Gemüthern der jungen Leute.“
„In geschlossenen Seminarien muß der Zögling arbeiten, wenn es vorgeschrieben
ist, sich erholen, wenn die dazu bestimmte Stunde schlägt. Er hat weder Zeit,
noch Gelegenheit, einmal, sei es im Arbeiten, sei es in erlaubtem Genuß, seiner
Neigung zu folgen. Sein Leben fließt eintönig einen Tag wie den andern da=
hin; Fleiß und Anstrengung ist bei ihm keine Lust, sondern eine vorgeschriebene
Arbeit, die ihm nur Unlust erregen muß; er sinkt nach und nach zum bloßen
Arbeiter, zum Taglöhner herab, und wenn die glückliche Stunde schlägt, wo
er des Seminarzwangs entlassen wird, so ist es auch mit Fleiß und Anstreng=
ung meist vorbei, und er überläßt sich auch als Lehrer nur gar zu gern geistiger
Trägheit und verfällt in Arbeitsscheu.“ „Ohne einige andere, schon oben an=
gedeutete Nachtheile geschlossener Seminare weiter auszuführen, wollen wir
nur noch darauf hinweisen, daß der Zögling dem Familienleben und den bür=
gerlichen Verhältnissen entfremdet, daß er losgerissen wird vom Volke, dessen
Leiden und Freuden er nicht kennen lernen, nicht mit empfinden kann, ja daß
selbst die vaterländische und volksthümliche Gesinnung in ihm nur gar zu leicht
erstickt oder doch unnatürlich zurückgehalten und verspätet wird.“ „Mag auch
unsere Schilderung der Nachtheile geschlossener Seminare nicht auf alle derarti=
gen Anstalten in demselben Grade passen, und mögen auch, was wir recht gerne
zugeben, aus ihnen gar manche in jeder Beziehung tüchtige Lehrer hervorge=
gangen sein: als unwahr darf deßhalb diese Schilderung nicht bezeichnet wer=
den. Man vergleiche nur junge Lehrer, die in geschlossenen, mit solchen, die
in nicht geschlossenen Seminaren ihre Bildung erhielten, und man wird bei
hinlänglicher Unparteilichkeit einen großen Unterschied gewahr werden! Man
sei nur aufmerksam auf das Thun und Treiben von Lehrern, die unter dem
Zwange einer Seminar=Lebensordnung einige der schönsten Jugendjahre verleben
mußten, und man wird die Folgen einer sogenannten Seminar=Erziehung er=
kennen, wenn man nicht geflissentlich die Augen verschließt. Wir haben noch
fortwährend Gelegenheit, das äußerliche Wesen, die Eingebildetheit auf äußer=
liches Lehrgeschick, die hochmüthige Aufgeblasenheit gegen Gleichstehende, aber
auch die geistige und sittliche Unselbstständigkeit, die Charakterlosigkeit und die
speichelleckerische Knechtsdemuth an sonst recht tüchtigen (d. h. im gewöhnlichen
Sinne tüchtigen) Lehrern zu beobachten, die sich unter dem verderblichen Ein=
flusse der Seminarluft in geschlossenen Seminaren, zumal unter den Augen
und der Hand kleinmeisterischer, die äußere Form als das Höchste schätzende
Seminarlehrer entwickelt und durch andere begünstigende Umstände weiter her=
aus gebildet hat.“ —

Ein weiterer Punkt, den wir einer besonderen Erwägung noch zu unterstellen haben, ist der in der Denkschrift ausgesprochene Wunsch, die Leitung der Seminarien möge für die Zukunft nicht ausschließlich geistlichen Händen übergeben, nicht zu einem Privilegium der Geistlichkeit gemacht werden, „weil dadurch die Zwecke des Seminars nicht besonders gefördert werden dürften". Daß man damit anstoßen, stark anstoßen werde, haben die Verfasser der Denkschrift vorausgesehen; aber sie durften eine Wahrheit, so bitter sie auch sein mag, um der Sache willen nicht verschweigen; sie haben es für Pflicht gehalten, Alles das der höchsten Behörde zu bezeichnen, was sie nach ihrer Erfahrung und Ueberzeugung nach als ein Hinderniß der gedeihlichen Entwickelung des Schulwesens erkannt haben. Das Regulativ über die Bildung der Schullehrer von 1836 bestimmt, daß einer der Seminarlehrer dem geistlichen Stande angehören müsse, namentlich da, wo der Inspektor nicht selbst ein Geistlicher sei. Und das war das allein richtige Verhältniß, denn die Seminarlehrer müssen das für den Volkslehrer nöthige Kennen und Können vollkommen beherrschen, so daß der Unterricht im Seminar in allen Zweigen des Wissens klar und gründlich, lebendig und eindringlich, anschaulich und praktisch wird; die Seminar=Lehrer müssen vertraut sein mit der wissenschaftlichen und praktischen Pädagogik, damit ihr Unterricht, fern von allem Dressiren und Abrichten, auf freie Entwickelung und freie Selbstbestimmung der Seminaristen hinzielt. Sie müssen durch ihren eigenen Unterricht schon beweisen, wie viel auf eine gute und richtige Methode beim Lehren ankommt, daß selbst das Aeußerliche derselben nicht ohne Bedeutung ist, daß aber das Ganze des methodischen Unterrichts der freie, selbstbewußte Geist durchbringen und leiten muß. Von den Seminarlehrern muß verlangt werden, daß sie auch im Charakter Vorbilder der Zöglinge seien, die sie mit Humanität, mit Ruhe, in eigenem Gehorsam gegen Gesetz und Ordnung ohne Bevormundung und Spionage leiten, beseelt von Gottesfurcht, strengster Sittlichkeit und aufopfernder Liebe.

Das Bild eines Seminardirektors zeichnet Dr. K. Schmidt in folgenden Zügen:

„Der Direktor des Seminars ist der Mittel= und Schwerpunkt des ganzen Organismus, und was auf jeden Lehrer in seiner Schule, das hat noch mehr auf ihn Anwendung: Was helfen alle guten Gesetze, wenn die exekutive Gewalt entweder sie nicht auszuführen weiß, oder sie nicht ausführen will! Der Seminardirektor muß Herr der pädagogischen Wissenschaft sein: es muß sich das Resultat derselben in seiner Seele ein Ideal der Volksschule und der Lehrerbildungsanstalt gebildet haben, nach dem er mit weiser Besonnenheit das Bestehende beurtheilt und weiter entwickelt; es muß dieses Musterbild auf der Höhe der gegenwärtigen pädagogischen Wissenschaft stehen und nicht aus Luft gebaut sein, sondern als nothwendiges Ergebniß der bisherigen Geschichte der Pädagogik sich darstellen, so daß daneben alle Launen und augenblicklichen Ein=

fälle verſtummen. Es muß der Dirigent des Seminars mit klarem Blick und
ſicherer Hand den Weg zu zeichnen verſtehen, der zu dieſem Muſterbilde hin-
führt, und dieſen Weg ſelbſt zu gehen wiſſen, — unbeirrt von kleinlichen In-
triguen und jeweiligen Tagesrichtungen, denn wer nicht das Endliche dem
Ewigen zum Opfer zu bringen weiß, und wer wiederum bei aller Feſtigkeit mit
zarteſtem Wahrheitsgewiſſen nicht preisgeben kann, was im Feuer der Prüfung
als Schlacke erſcheint, der iſt kein ächter Seminardirektor. Denn Wahrheit
und Wahrhaftigkeit über Alles! das muß die Parole des Seminardirektors ſein.
Wahr gegen ſich ſelbſt, denn Selbſterkenntniß thut ihm vor Allem Noth, damit
er ſeine eigene Geſinnung und Handlung ſtreng und gerecht beurtheilt, und
damit er nicht ſeine Perſon an die Stelle der Sache ſetzt, die er zu vertreten
hat. Wahr gegen ſeine Behörde, damit er nicht als Kopfhänger und Mantel-
träger in das Seminar hineindirigirt, was weder ſeine Ueberzeugung, noch die
Wahrheit der pädagogiſchen Wiſſenſchaft iſt Wahr gegen ſeine Collegen, damit
ſie wiſſen, woran ſie mit ihm ſind, — damit ſie in ihm einen Mann finden,
welcher der Selbſtſtändigkeit und Individualität Raum gewährt, ſoweit dadurch
die Idee des ganzen Organismus nicht verletzt wird, ſoweit ganz, aber auch
nicht weiter, keinen Finger breit; denn von dieſer Grenzſcheide wird's beſtimmt,
ob er mit ihnen und ſie mit ihm eine organiſche Einheit bilden: die Grund-
bedingung für das Gedeihen jeder größeren Schulanſtalt. Nur ein Mann der
wahrhaftig iſt, kann Wahrheit und Wahrhaftigkeit in der Seele ſeiner Zöglinge
erzeugen. — Und nur ein Mann, der ſelbſt Meiſter in der
Unterrichtskunſt iſt, kann der Leiter und Lehrer Derer
ſein, die „Lehrer" werden wollen, darum ſoll denn endlich der Seminardirektor auch ſeine Zöglinge durch ſeinen eigenen Unterricht für den Unterricht zu begeiſtern
verſtehen, wie er durch ſeine eigene Bildung Begeiſterung
in ihnen für ihre Bildung und für die des Volkes ent-
flammen ſoll." —

Nach dieſem Bilde beurtheilen wir unſere Seminarlehrer und
Seminarvorſtände. Wir waren und ſind der Ueberzeugung, daß
an die Stelle eines Seminarvorſtandes nur ein in der Theorie
und Praktik der Pädagogik, in der pädagogiſchen Wiſſenſchaft und
Kunſt ausgezeichneter Mann gehört, daß es nur dann mit unſerer
Lehrerbildung anders wird und mit unſerer Volksbildung vorwärts
zum Beſſern geht, wenn dieſem durch und durch wahren und berechtigten Grundſatze entſchieden Rechnung getragen wird.

Daß wir auch hier in der Denkſchrift das Rechte getroffen
haben, das haben gerade die Entgegnungen auf dieſelbe aufs Un-
widerleglichſte dargethan. Faſt alle haben mehr oder minder offen
ausgeſprochen, daß ſie einer höheren Bildung der Lehrer entſchieden
entgegen ſind, daß ſie ſogar eine ſolche für mehr oder weniger
ſchädlich halten. Wird aber Jemand, der die höhere Bildung für
ſchädlich hält und fürchtet, dieſelbe zu fördern beſtrebt ſein? — —
Man muß ſelbſt ein Seminar durchgemacht haben, um zu wiſſen,
wie unangenehm manchem dieſer Herren Seminarvorſtände das
ſelbſtſtändige Denken und Forſchen eines Zöglings wird, und wie
daſſelbe meiſt das Gegentheil von dem erfährt, was man Unter-
ſtützung und Pflege heißt.

Endlich bleibt uns in der Bildungsfrage noch ein Punkt zur

Rechtfertigung übrig: die gewünschte Aufhebung der Fortbildungs=
Conferenzen. Wir gehen hiebei von dem Grundsatze aus, daß
jede Bildung, wenn sie rechter Art ist, den Lernenden nicht nur
so weit fördern muß, daß er vollständig befähigt ist, seinen
Beruf zu erfüllen, sondern daß sie ihm auch einen solchen Fort=
bildungseifer einzupflanzen hat, daß er ohne äußeren Antrieb
fortwährend an seiner Selbstvervollkommnung in beruflicher, wissen=
schaftlicher und sittlicher Hinsicht arbeite. Jeder Bildungsgang,
der das bei dem größten Theil seiner Zöglinge nicht leistet, ist ein
ungenügender, und muß so umgestaltet und verbessert werden, daß
diese Voraussetzung thatsächlich eintritt. Es wäre daher sehr zu
beklagen, wenn die hohe Staatsregierung bisher die Ueberzeugung
gehabt hätte, durch diese sogenannten Fortbildungs = Conferenzen
die Lehrer in beruflicher und scientivischer Beziehung zu fördern.
Jedenfalls mußte man die in den offiziellen Bildungsanstalten
gewährte Bildung für hinreichend zur erfolgreichen Ausübung des
Berufes erachten, sonst hätte man gewiß zunächst dafür gesorgt,
daß dieselben eine bessere und entsprechendere gewähren. Hatten
diese Fortbildungsanstalten aber die Bestimmung, daß die im offi=
ciellen Bildungsgang erworbene Befähigung nicht wieder verloren
gehe, so haben sie auch darin ihren Zweck verfehlt, denn zur Fort=
bildung waren dieselben nun einmal nicht angethan. Das wird
jeder Lehrer bestätigen, der dieselben zu besuchen gezwungen war;
die verschiedenartigsten, oft mit dem Lehrerberuf weder nach seiner
theoretischen noch auch nach seiner praktischen Seite in gar keiner
Beziehung stehenden Arbeiten, die in diesen Conferenzen geliefert
oder verhandelt wurden, hatten nichts weniger als das Zeug in
sich, die Lehrer in ihrem Berufe irgendwie zu fördern oder dafür
zu begeistern; man wird im Allgemeinen — einige Fälle ausge=
nommen — das Gegentheil behaupten und bezeugen.*) Gerade
an die Lehrer sind indeß die Forderungen eines fortgeschrittenen
Kulturlebens um so ernster herangetreten, als sowohl sie hinsichtlich
ihrer eigenen empfangenen Bildung, wie auch der bisherige Volks=
schulunterricht mit demselben nicht mehr in Einklang standen.
Wohl der größte Theil auch der bayerischen Lehrer hat diese For=
derungen nicht überhört und durch eifriges Studium der allge=
meinen Wissenschaften (soweit sie ihnen zugänglich und für ihren
speciellen Beruf nöthig waren und mit ihm in Beziehung standen)
und besonders der eigentlichen Fachwissenschaften sich auf die Höhe
der Zeit zu schwingen versucht. Die Nothwendigkeit einer Fort=
bildung stellen wir nicht in Abrede; sie ist nothwendig wie für
jeden Gebildeten, so insbesondere für den Lehrer und namentlich

---

*) Wir beziehen uns auch auf die höchste Ministerial=Entschließung vom 9. Febr.
1854: „Die Leitung der Schullehrer=Fortbildungs=Conferenzen betreffend."

für die jüngeren. Aber die Lehrerfortbildung wird nur durch Lehrer gefördert werden können, anders nicht. Deßhalb hat auch der bayerische Lehrerverein sein Augenmerk vorzugsweise darauf gerichtet, die Hebung und Kräftigung des Lehrerstandes dadurch zu erzielen, daß er eine zweckmäßige und eifrige Weiterbildung anregte und fortwährend unterhält. Zeuge dessen sind die von den Kreisvereinen zur Bearbeitung hinausgegebenen Themate, und freudig dürfen wir die Thatsache constatiren, daß unter dem größten Theile der Mitglieder unseres Vereines ein reges Streben nach Fortbildung im Berufe thätig ist, das sicher gute Früchte tragen wird. Wenn daher die Aufhebung des größtentheils nutzlosen Conferenzwesens von den Lehrern freudig und dankbar begrüßt wurde, so liegt der Grund hievon eben in seiner Unzweckmäßigkeit, und nicht — wie Herr Dr. Huller dem Lehrerstande vorwirft — im Mangel an Fortbildungseifer. Wir haben die gegründete Hoffnung, daß es auch in diesem Punkte immer besser wird unter dem Lehrerstande, und es wird besser werden, je mehr die einzelnen Glieder desselben den Segen der gegenseitigen Beziehungen und der gegenseitigen Einwirkungen auf einander erkennen; je mehr ihnen die Wahrheit zum lebendigen Bewußtsein kommt:

> „Immer strebe zum Ganzen, und kannst du selber kein Ganzes
> Werden, als dienendes Glied schließ an ein Ganzes dich an!" —

Fünfter Abschnitt.

Nebenämter des Schullehrers.

Zu diesen rechnen wir die Gemeindeschreiberei, die Chorregenten=, Organisten=, Cantorendienste und die Meßnerei. Was darüber S. 72 ff. der Denkschrift gesagt ist, hat man gegnerischerseits nicht zu widerlegen gesucht, sondern auf Grund jener Ausführungen den Vorwurf entgegengehalten, die Verrichtung der niederen Kirchen= (Meßner=) Dienste betrachteten die Lehrer als persönliche Herabwürdigung, und ihre desfallsige Stellung dem Geistlichen gegenüber als eine bedientenhafte; die gewünschte Befreiung aber als ein Mittel zur Emancipation der Schule von der Kirche u. s. w.

„Es ist sonderbar, der Geistliche schämt sich nicht in seiner Art ein Diener der Kirche zu sein, warum will der christliche Schullehrer es seiner Stellung unwürdig finden, in seiner Art zum Dienste Gottes mitzuwirken? Als Diener

der Kirche ist er noch nicht sofort Diener des Geistlichen."
(Dr. Huller, S. 48.)

Der gelehrte Herr hat sich auch hier erlaubt einen falschen
Schluß zu ziehen und damit der Wahrheit zu nahe zu treten,
denn zwischen der Stellung des Geistlichen als Diener der Kirche
und jener des Schullehrers als Meßner ist ein himmelweiter Unterschied und der Glanz, womit die Kirche ihn deßhalb bestrahlt,
ein sehr zweifelhafter. Wohl nicht wenige Geistliche betrachten
den Meßner und daher auch den Lehrer in dieser Eigenschaft als
persönlichen Diener und behandeln ihn demgemäß. Gerade
darüber stehen uns eine Menge Beweise zu Gebote, gerade in
ihrer Stellung als Meßner sind die meisten Lehrer auf eine Weise
von ihren Geistlichen behandelt, oft mißhandelt worden, die mit
Humanität und Christenthum im direktesten Widerspruche stehen
und nichts weniger als geeignet sind, das Ansehen des Lehrers vor
der Schulgemeinde und seinen Schulkindern zu fördern. Oder
gehört es zur Förderung des Lehreransehens, wenn er in der Sakristei in Gegenwart der Ministranten — den eigenen Schülern
des Lehrers —, ja, wenn er selbst in der Kirche vor der Gemeinde
sich muß in einer Weise zurechtweisen lassen, die, gelinde gesagt,
höchst inhuman ist? wenn er es sich muß gefallen lassen, selbst
auf dem Chor als Organist oder Chorregent während dieser
Funktionen scharfe Rügen vom Geistlichen zu vernehmen? Die
Lehrer haben noch nie behauptet oder geglaubt, daß die Mitwir-
kung beim Gottesdienste als Organisten, Cantoren oder Chor-
regenten sie herabwürdige, denn das sind rein kirchliche Dienste.
Etwas ganz anderes aber ist es mit jenen Diensten, die nicht
wesentlich kirchlicher Natur sind: das Tragen des Eierkorbes beim
Einsammeln der Beichtzettel, das Reinigen der Schuhe des Geistlichen von Staub oder Schmutz in der Sakristei*), das Herum-
tragen des Klingelbeutels**), das Läuten, Uhraufziehen, das
Wassertragen, das Kehren und Aufwaschen der Kirche 2c. Hier

*) Erst im vorigen Jahre fuhr ein Geistlicher, auf seiner Filiale angekommen,
den Lehrer an: „Schulmeister, putz' er mir die Stiefel!"
Das geschah, nachdem schon eine Anzahl von Beleuchtungen an's Licht der Welt
getreten waren; es geschah in jenem gesegneten Kreise, der in Hervorbringung von
Schmähschriften und Schmähartikeln besonders fruchtbar war.
**) Man hat uns entgegen gehalten, diese Verrichtung werde dem Lehrer
nirgends zugemuthet. Wir führen also einen Beleg an. In der Stadt U. im Kreise
Mittelfranken ist die Meßnerei mit einer Schulstelle verknüpft. Der Lehrer-Meßner
trug den Klingelbeutel herum noch zur Zeit als die Denkschrift bearbeitet wurde und
wird ihn jetzt noch tragen. Den meisten Lehrern ist diese Funktion erlassen, weil sie
auf der Orgel in Anspruch genommen sind; außerdem? — Was will man sagen,
hat doch der Lehrer-Meßner an manchen Orten sogar noch die Verpflichtung, die
Gräber zu machen! Das Alles ist in den Augen unserer Gegner nicht „erniedrigend!"
Allerdings für den Lehrer, wie sie sich ihn wünschen, und wie sie ihn gekennzeichnet
haben, nicht.

hat der Geiſtliche, wenn er will, Gelegenheit, dem Lehrer das
Leben recht ſauer zu machen, und dem Meßner entgelten zu
laſſen, was dem Lehrer nicht entgolten werden kann. — Bald
läutet er zu früh, bald zu ſpät, bald geht die Uhr nicht richtig,
bald iſt die Kirche nicht entſprechend gereinigt, bald läßt ſich der
Lehrer da oder dort einen Fehler zu Schulden kommen, der den
geiſtlichen Herrn aus ſeiner Gemüthsruhe bringt u. ſ. w. Wer
zählt hier alle die einzelnen Fälle auf, die benützt werden können,
und benützt werden, um den Lehrer zu drücken? Die Denkſchrift
ſteht daher auch hier auf dem Boden der Wirklichkeit, wenn ſie
eine principielle Trennung der Meßnerei von dem Schuldienſte in
Vorſchlag bringt. Dieſe Trennung iſt wünſchenswerth, einmal
um des Lehrers willen, damit er nicht je nach Belieben einer un=
würdigen Behandlung, den bitterſten Kränkungen ausgeſetzt iſt in
einem Amte, bei dem ſich ſchon gar mancher Lehrer, z. B. durch
das Frühläuten, einen ſiechen Körper, wenn nicht gar einen früh=
zeitigen Tod geholt hat; dann aber auch um der Schule willen,
denn ſie erleidet gerade durch die Meßnerei oft empfindliche Be=
nachtheiligung. Dieſe Thatſache wird zwar von unſeren Geg=
nern entweder in Abrede geſtellt oder ganz übergangen; ſie iſt
indeß ſo offenkundig, daß ſie keines weiteren Beweiſes bedarf.
Die Herren wollen auch hier das bisherige Verhältniß nicht ge=
ändert wiſſen. Wir finden das nach der Anſchauungsweiſe, die
ſie von dem Lehrerſtande und der Stellung der Volksſchule haben,
ganz natürlich. Der Lehrer iſt hier ein Diener des Geiſtlichen,
der unbedingt pariren muß, wenn er nicht ſein weiteres Fort=
kommen oder ſeine Exiſtenz in Frage ſtellen will. Jeder andere
Mann würde bei unbilliger Behandlung dem Herrn Pfarrer den
Dienſt künden. Das kann der Lehrer nicht, denn er iſt an den
Meßnerdienſt mit unauflöslichen Ketten geſchmiedet. Daß man
unter ſolchen Umſtänden dieſes Verhältniß mit aller Macht will
forterhalten wiſſen, iſt freilich ſehr begreiflich.

Indeß verkennen wir keineswegs die vielen Schwierigkeiten,
die ſich einer gänzlichen Trennung der Meßnerei vom Schuldienſte
in ſachlicher Beziehung dürften in den Weg ſtellen, und
nur deßhalb hat ſich die Denkſchrift in Bezug auf die Trennung
der Meßnerei vom Schuldienſte eine Inconſequenz zu Schulden
kommen laſſen, dadurch, daß ſie die Bitte geſtellt: „Dieſelbe (die
Meßnerei) könne jedoch vom Schullehrer dort, wo es unbeſchadet
ſeiner übrigen Dienſtesobliegenheiten thunlich iſt, freiwillig nach
Verſtändigung mit der Kirchenverwaltung übernommen werden.
In dieſem Falle bliebe das Meßnerei = Einkommen außer Anſatz
in der Faſſion.“

Daß die vollſtändige Einrechnung des Meßnerei=Einkommens
in die Schulfaſſion nicht billig ſei, wurde ſchon bei Gelegenheit

der Berathung des Gesetzes vom 10. Nov. 1861 in der Abgeordneten=
kammer von einem der Herren Landtagsdeputirten hervorgehoben.

Es ist gewiß billig, daß der Lehrer für bedeutend vermehrte
Arbeitskraft auch besonders bezahlt und ihm daher im ungünstig=
sten Falle nur d i e H ä l f t e des Meßnerei = Einkommens in die
Fassion eingerechnet werde.*) Bei Congrualstellen — und deren
sind jetzt doch weitaus die meisten — gestaltet sich die seitherige
ganze Einrechnung dieses Einkommens gegenüber den Schulstellen,
mit welchen keine Meßnerei verbunden ist, zur Unbilligkeit gegen
die ersteren.

Man hat uns das sauer verdiente Brod, das die Kirche den
Lehrern für die Meßnerei gewährt, in herben Worten vorgeworfen
und auch dieses Kapitel wird — namentlich von Herrn Gaß —
dazu benützt, die Lehrer zu verdächtigen und herabzuwürdigen.
Nach seiner Meinung wäre, „da der größte Theil unserer Schul=
lehrer für den Meßnerdienst weder Sinn noch Geschick hat, wie
man täglich überall (?) wahrnehmen kann",**) die Meßnerei einem
c h r i s t l i c h e n (wir danken dem Diener Christi für unsern Aus=
schluß vom Christenthum!) Manne mit dem betreffenden seitheri=
gen Gehalte zu übertragen.

Wir sind überzeugt, daß es dem würdigen Herrn Distrikts=
Schulinspektor mit diesem Antrage durchaus nicht Ernst ist, denn
er weiß nur zu gut, daß bei „dem betreffenden seitherigen Gehalte",
den die m e i s t e n Schulstellen für die Meßnerei haben, sich sehr
wenig „christliche" Männer finden möchten, welche die Meßnerei
übernehmen und mit „Sinn und Geschick" üben würden, daß sich
die „christlichen" Männer schwerlich die Behandlung von dem und
jenem Pfarrer würden gefallen lassen, die sich die (nach Herrn
Gaß) „n i c h t christlichen" Schullehrer gefallen lassen m ü s s e n,
und daß diejenigen Meßner=, Organisten= und Chordienste, welche
ein größeres Einkommen gewähren, schon seither in den meisten
Fällen an besondere Personen vergeben, und nur ausnahmsweise
dabei Schullehrer berücksichtigt worden sind.

Daß es indeß einzelne Schulstellen gibt, bei welchen das
Meßnerei = Einkommen jenes der Schulstelle übersteigt, und der
Lehrer daher, wie man sagt, bei dem Meßner in die Kost geht,
stellen wir nicht in Abrede. Herr v. Lachemair beweist uns das
durch die Mittheilung der Fassion einer definitiven Schulstelle,
nach welcher das Meßner=Einkommen 310 fl. mit Dienstwohnung,

---

*) Den Lehrern Württembergs werden nach dem neuen, bereits in Kraft getrete=
nen Volksschulgesetze die Bezüge aus den kirchlichen Funktionen g a r n i c h t in der
Fassion angerechnet.

**) Und doch verwenden die Seminarien so viel Zeit auf den Unterricht in der
Meßnerei und doch wollen, mit Ausnahme des Herrn Gaß, die andern pädagogischen
Leuchterträger den Lehrer= (Meßner) nicht aus der Botmäßigkeit der Geistlichen entlassen!

die Schulstelle dagegen nur 214 fl. trägt. Wir bezweifeln keinen Augenblick die volle Richtigkeit dieser Angabe, erlauben uns aber eine andere Fassion auch hier anzufügen. Die vor uns liegende Fassion enthält als Mesznerlohn:

Für das Läuten (täglich 6 mal) 25 fl. und 4 Metzen Roggen; für das Uhraufziehen (trotz der Verordnung der Königlichen Regierung von Schwaben und Neuburg vom 2. Mai 1862) nichts; für das Kirchenreinigen nichts; als Cantor 4 fl. 48 kr.; als Organist 5 fl. — in Summa etwa 40 fl. Das übrige Einkommen fließt aus der Gemeindekasse und den vorhandenen Schuldienstgründen. Dergleichen Schulfassionen gibt es noch Hunderte.

Wenn Herr v. Lachemair sagt:

„Faßt man die vielen und vielleicht vielfach begründeten Beschwerden in's Auge, welche der Lehrerstand rücksichtlich z. B. des Läutens, der Kirchen = Uhr, der Meßnerei erhebt: so mögen diese Beschwerden noch so begründet sein, eine Abhilfe, ohne an vielen Schulstellen die Lehrer auf's Empfindlichste zu schädigen, ist auf dem flachen Lande nahezu undurchführbar. Ich für meine Person und sicherlich mit mir noch viele, sind von ganzem Herzen und aus den triftigsten Gründen vollkommen damit einverstanden, daß dem Lehrerstande obige Dienste und Functionen definitiv abgenommen werden möchten. Aber ist das möglich? Sind die Verhältnisse nicht oft stärker, als unser Wunsch und Wille?“

so hat er uns damit nichts Neues vorgeführt. Wir haben die Schwierigkeiten, die sich einer sachlichen Trennung der Meßnerei vom Schuldienste entgegenstellen, nicht verkannt; (Denkschr. S. 74) wir haben aber auch die Wege angedeutet, auf welchen dieselben zu heben wären, und leben heute noch der Ueberzeugung, daß, wenn man nur einmal den guten Willen hat, Abhilfe zu leisten, diese durchaus nicht in's Bereich der Unmöglichkeit gehört. Aber am guten Willen fehlt es eben heute wie ehevor.

In Württemberg hat man — anerkennend, daß die niederen Meßnerdienste den Schullehrern abgenommen werden müßten — ein Aushilfsmittel in der Aufstellung eigener Meßnergehilfen gefunden. Es bildet diese Anordnung jedenfalls das Uebergangsstadium zur völligen Abtrennung der Meßnerei, die, dessen sind wir überzeugt, für die Dauer nicht mehr mit dem Schuldienste verbunden bleiben kann. Will man auch in Bayern vorläufig in derselben Weise das Odium der niedern Kirchendienste vom Lehrer nehmen, so werden sich die Lehrer auch mit dieser Abschlagszahlung begnügen; aber bis eine Abhilfe getroffen ist, muß immer und immer wieder ausgesprochen werden, daß in so lange dem Lehrer ein Bleigewicht in seinem Berufe anhängt, als er noch mit den niedern Meßnereiverrichtungen belastet ist.

Ganz anders als die Meßnerei wird von den Gegnern der Schulreform die Gemeindeschreiberei beurtheilt. Während die fernere Combinirung des Kirchendienstes mit dem Schuldienste als zweckmäßig, ja als durchaus geboten deducirt wird, ist die Gemeinde=

schreiberei mit dem Berufe des Schullehrers gänzlich unverträglich, weil der Schulunterricht in jedem Falle darunter leiden muß. Manche amtliche Erlaffe sind umgehend zu erledigen, und daher wird die Schulzeit selbst dazu, wie zur Anfertigung der Rechnungen benützt, selbst vor das Amt wird der Gemeindeschreiber an nicht freien Schultagen citirt. „Die heilsamsten Reformen in Schullehrerbildung und im Unterrichte selbst werden nicht zum Ziele führen, wenn nicht die mit dem Lehrerberufe unverträg=liche Nebenfunktion der Gemeindeschreiberei den Schullehrern gänzlich abgenommen wird. Dieser Krebsschaden sollte um jeden Preis entfernt werden." So Herr Huller. Er hat es indeffen verschmäht, diesen Satz näher zu begründen, wohl deßhalb, weil ftichhaltige Gründe fich kaum aufbringen laffen.

Die Gemeindeschreiberei ist allerdings für viele Lehrer, na=mentlich für die in größeren Gemeinden eine Laft, und wenn die=selbe ihnen abgenommen werden könnte, würde gar mancher fich sehr erleichtert fühlen. Laffen wir aber auch hier die Erfahrung reden, dann wird fich herausstellen, daß gerade die tüchtigften Gemeindeschreiber in der Regel auch die besten Schulen haben, weil sie eben nicht bloß nach einer Richtung tüchtig und berufs=treu find. Der pflichtgetreue Lehrer wird nie vergeffen, daß ihm seine Schule am nächsten und höchsten stehen muß. Bei solchen Lehrern war selbst auch die Gemeindeschreiberei eine segensreiche Nebenfunktion, weil sie Gelegenheit hatten, die einzelnen Glieder der Gemeinde, wie überhaupt die gemeindlichen Verhältniffe näher kennen zu lernen oder Einfluß zu gewinnen, der zum Nutzen der Schule verwendet werden konnte. Für den Lehrer ist das Alles ebenso wichtig und nöthig, wie für den Pfarrer. Amtliche Weisungen so schnell erledigen zu müssen, daß selbst die Schulzeit dazu nothwendig wäre, wird nur höchst selten oder nie vor=kommen, da es auf eine oder zwei Stunden niemals zusammengeht; Citationen vor's Amt an Schultagen kann der Lehrer auf Grund bestehender Verordnungen abweisen, und jeder Beamte wird wohl selbst darauf Rückficht nehmen. Uebrigens verkehrt das Amt nicht mit dem Gemeindeschreiber, sondern mit der Gemeindeverwaltung, beziehungsweise dem Gemeindevorsteher, daher auch Vorladungen des ersteren höchst selten oder nie vorkommen. *) Haben einzelne Lehrer die Schulstunden benützt, um in denselben Arbeiten für die Gemeindeschreiberei zu fertigen, so waren sie gewiffenlos und pflicht=vergeffen. Solche Fälle plaidiren aber nicht zu sehr für die über=

---

*) In gewiß allen Bezirken finden sich auch Amtsblätter, durch welche der Ver=kehr zwischen den Gemeinden und Aemtern vermittelt wird, und eine neueste höchste Verordnung bestimmt, daß die Vorladungen zum Amte nur in bringenden Fällen geschehen sollen.

aus vehement vertheidigte Lokalschulaufsicht. — Diese Pflichtverletz=
ung, dem Lehrerstande allgemein zur Last gelegt, ist eine Verleumbung
desselben, die wir als solche zurückweisen. Die Behauptung end=
lich, daß die Gemeindeschreiberei für manche Schullehrer deßwegen
„einen eigenen Reiz" habe, weil damit Gelegenheit verbunden sei
„zu amtiren, Gnaden (!) auszutheilen, Einfluß in der Gemeinde
zu gewinnen und Diäten zu machen", — ist weiter nichts als
eine rhetorische Floskel, die das Gepräge ihres unsaubern Ursprungs
so deutlich an der Stirne trägt, daß wir darüber kein Wort zu
verlieren brauchen, und die recht augenfällig erweist, wie eifersüch=
tig gewisse Leute sind, wenn außer ihnen noch irgend wer einen,
wenn auch noch so bescheidenen Einfluß auf die Gemeinde ausübt.
Mit der ausschließlichen Omnipotenz verträgt sich das allerdings
nicht gut.

Warum aber die heftigen Deklamationen gegen die Gemeinde=
schreiberei? Herr Huller gibt uns die Antwort auf diese Frage:
Der Lehrer gewinnt durch dieselbe Einfluß in der
Gemeinde. Er soll aber diesen nicht gewinnen, er
soll und muß vielmehr losgelöst sein auch von der
eigenen Schulgemeinde, ohne Einfluß auf die Eltern
der ihm anvertrauten Kinder, einzig und allein
willenlos dem Pfarrer untergeben. Darum allein
ist die Gemeindeschreiberei gänzlich unverträglich mit dem
Lehrerberuf! Wird mit solchen Denunciationen auch nichts
gewonnen, so bleibt doch allzeit etwas hängen, und dem Lehrer=
stand ein Odium anzuhängen bei Regierung und Volk, das ist
ja überhaupt der nächste Zweck der „Beleuchtungen der Denkschrift
des bayerischen Lehrervereins."

Sechste Abtheilung.

Normirung der Lehrergehalte,

Pensionirung der Lehrer, sowie Wittwen- und Waisen-Versorgung.

Kreisschulrath Grafer sagt bezüglich dieses Artikels in sei=
ner Schrift: „Die Hauptgesichtspunkte bei Verbesserung des Volks=
schulwesens" 2c. S. 65:

„Wenn der Schullehrer der Jugend den Unterricht für's Leben ertheilen soll,
dann sollte man doch, und zwar mit Recht, voraussetzen, daß er selbst zu

leben habe. Ja es erscheint diese Forderung nicht blos als gerecht, sondern auch als weise und klug, daß der Lehrer ein sorgenfreies Leben führe, um mit Muth, Freudigkeit und Trost seinem beschwerlichen Berufe obzuliegen. Wenn das Schulwesen wahrhaft gebessert werden soll, so muß der Stand der Schullehrer auch in der öffentlichen Achtung höher gehoben werden, und dazu gehört denn vorzüglich die Fürsorge, daß die Hinterlassenen eines Schullehrers nicht dem Hunger, der Noth, oder dem Bettelstand überlassen werden."

Die Richtigkeit dieser Grundsätze wurde auch stets von allen wahren Freunden der Volksschule und einer entsprechenden Volks= bildung anerkannt und in Wort und Schrift vertreten. Wer schon erfahren hat, was Nahrungssorgen sind und wie sie sich als Blei= gewichte an die Seele hängen, sie niederziehen und zu jeder höheren geistigen Thätigkeit untüchtig machen, der wird die Noth= wendigkeit einer den jetzigen Preisen aller Lebensbedürfnisse ent= sprechenden Lehrerbesoldung nicht in Abrede stellen. Gilt allerwärts der Grundsatz, daß das Amt seinen Mann nähren soll, und daß der Arbeiter seines Lohnes werth sei, warum nicht auch bei dem Lehrerstand? Ist das Unterrichts= und Erziehungswesen für Staat, Kirche und Gemeinde von der höchsten Wichtigkeit und Bedeutung, warum ist dann der Lehrstand noch immer zum Darben verur= theilt? Zwar hat der Staat auch in dieser Beziehung schon viel gethan, und die Lehrer sind der hohen Staatsregierung wie der Volksvertretung für das Geschehene zum Danke verpflichtet. Aber kann ein Lehrer, besonders wenn er Familie besitzt, mit 350 fl., beziehungsweise 450 und 500 fl., ohne die drückendsten Nahrungs= sorgen jetzt auskommen? Wir beanspruchen für die Lehrer keine „glänzende Gehalte", sondern nur so viel, daß sie davon anständig und ohne drückende Nahrungssorgen leben können.

Herr Dr. Huller wirft zwar den Lehrern vor, daß sie bisher noch immer zu viel Zeit übrig haben zur „Erholung und zum Vergnügen", mehr als „ihren Dienstes=, Familien= und Einkom= mensverhältnissen gut war. Es wäre daher sehr heilsam", wenn — diese Menschen nach der Arbeit eingesperrt und durch Hunger mürbe gemacht würden, so daß Erholung und Vergnügen nur für reiche Leute und „Herren" übrig blieben.

Das charakterisirt unsere Gegner. Wenn irgend von Lehrern die Rede ist, so werden sie als die „Hungernden und Darbenden" — als „lange hagere Gestalten, denen das Elend durch den Rock blickt", dargestellt. Aber für jene Männer, deren Vorbild sagte: „Mein Reich ist nicht von dieser Welt", und „ich habe nicht so viel, wo ich mein Haupt hinlegen kann", — haben sie immer noch zu viel des Erdengenusses. Wen da nicht sittlicher Ekel und Ent= rüstung ergreift, der ist jeden Rechtsgefühles bar. Und wie steht es denn mit der „übrigen Zeit" der Lehrer? Wie viel bleibt ihnen bei täglich 5 bis 6 Schulstunden, mindestens 1 Stunde Vorbereit= ung, 1 Stunde Correktur, dann meist noch einigen Privatstunden,

die sie um des lieben Brodes zu geben gezwungen sind, bei den
Verrichtungen der Kirchen= und Gemeindeschreiberdienste denn noch
übrig? Wahrlich, die freien Stunden sind dem Lehrer sehr kärg=
lich zugemessen, noch kärglicher die Ausgaben auf Erholung und
Vergnügen. Indeß braucht wohl jeder Mensch von Zeit zu Zeit
Erholung und einiges Vergnügen; der Lehrer aber ganz besonders,
wenn er nicht körperlich und geistig zu Grunde gehen soll.

Die Denkschrift hat gewiß, wenn man die jetzigen Zeit= und
Lebensverhältnisse in Anschlag bringt, nur billige Wünsche auf=
gestellt. Gleichwohl werden auch sie als unbillige Forderungen
bezeichnet. Der „königl. bayerische Lokalschulinspektor" stellt in
seinen sogenannten „Reformvorschlägen" folgende Berechnung des
Lehrereinkommens bei einer Schule von 50 Schülern auf:

Werktagsschulgeld 80 fl.
Sonntagsschulgeld 40 fl.

Demnach berechnet sich der Gehalt
1) auf 350 fl. für Minimalgehalt,
2) „   50 fl. „ Gemeindeschreiberei,
3) „ 120 fl. „ Schulgeld,
520 fl. in Summa.

Hiezu noch Gebühren für Rechnungsfertigung ꝛc., und der
Mann bringt eine hübsche Einnahmssumme auf dem Papier zu=
sammen. In der Wirklichkeit gestaltet sich indeß die Sache wesent=
lich anders, nämlich:

Werktagsschulgeld   80 fl.
Sonntagsschulgeld ca. 12 fl.

denn bei einer Zahl von 50 Schülern treffen auf die Sonntags=
schule jetzt durchschnittlich 15 Schüler und nicht auch 50. Diese
92 fl. Schulgeld werden nach Art. 4 Abs 2 des Gesetzes vom
10. November 1861, (dieser Artikel scheint dem Herrn
Lokalschulinspektor unbekannt zu sein!) in den Ge=
haltsbezug eingerechnet. Eine Gemeinde, deren Schule nur 50
Schüler zählt, zahlt in den seltensten Fällen für die Gemeinde=
schreiberei mehr als 10 bis 15 fl., gemeiniglich aber noch weniger.
Zum Minimalgehalt von 350, beziehungsweise 338 fl. — denn
nach Artikel 3 des erwähnten Gesetzes werden 12 fl. Wohnungs=
anschlag in den Gehalt eingerechnet — fehlen also noch 246 fl.,
welche aus anderen Quellen fließen sollen. Die Denkschrift nimmt
den Gehalt aus der Gemeindeschreiberei nicht durchschnittlich zu
50 bis 100 fl. an, wie der Herr Lokalschulinspektor behauptet,
sondern sagt S. 70, daß sich der Ertrag der Schulstellen durch
Naturalbezüge und Neben=Verdienste aus der Gemeinde=
schreiberei durchschnittlich allenfalls um 50 bis 100 fl. über das
faffionsmäßige Einkommen erhebt. Es ist wohl nicht anzuneh=
men, daß dem Herrn Lokalschulinspektor diese Verhältnisse alle un=

bekannt sind, und in diesem Falle hat er eine Unredlichkeit began=
gen, die ihm um so mehr verdacht werden muß, als er durch der=
gleichen Aufstellungen die thatsächlich bestehenden Verhältnisse
anders darstellt, als sie in der Wirklichkeit sind, und in den Ge=
meinden ein ungerechtfertigtes Vorurtheil gegen die Lehrer erweckt.*)

Auch Herr Dr. Huller findet selbstverständlich, an den dieß=
bezüglichen Bitten der Denkschrift zu reformiren, und will die
Gehalte nach Art. 3 des Gesetzes vom 10. November 1861 in 3
Klassen geregelt wissen; doch bewilligt er Serennial=Alterszulagen
in der I. Classe mit 50 fl., in den beiden andern mit 40 fl., so
daß der Marimalgehalt nach 36 definitiven Dienstjahren in der
I. Classe (bei Gemeinden über 10,000 Seelen) 800 fl., in der
II. Classe (bei Gemeinden von 2,500 — 10,000 Seelen) 700 fl.,
und in der III. Classe (Gemeinden von geringerer Einwohnerzahl)
600 fl. betrüge.

Die Schule betrachtet Herr Dr. Huller, wie schon mehrfach
erwähnt, als ein Annerum der Kirche, muthet aber dem Staate
und den Gemeinden zu, die Lehrer vollständig zu besolden. Ob
Herr Huller bei einer solchen Anschauungsweise berechtigt ist,
„Reformvorschläge" zu machen, die doch den Staats= und Gemeinde=
säckel betreffen, wissen wir nicht. Uns drängen sich dabei nur die
Fragen auf: Warum will die Kirche für ihr „Annerum" nichts
thun? Warum gibt sie nichts zur Lehrerbildung und Lehrerbe=
soldung? Warum schwieg sie und warum hat sie nicht geholfen,
als Lehrer auf Kirchweihen und Hochzeiten sich ein Stück Brod
ergeigen mußten? Warum that sie nichts, als Lehrer, um ihre
Familien vor Noth und Hunger zu schützen, am Ludwigskanalbau
im Taglohn zu arbeiten gezwungen waren? Warum that sie
nichts, als die Lehrer an Festtagen mit ihren Schülern von Thür
zu Thür zogen, um sich ein Stück Brod zu ersingen? Oder ist die
Kirche helfend eingetreten, als altersschwache, dienstesuntaugliche
Lehrer am Hungertuche nagend den Tod ersehnten? Ist sie hel=
fend eingetreten, als Lehrerwittwen und Waisen heimathlos, hun=
gernd und obdachlos umherirrten und ein Unterkommen suchten?**)
Gott sei Dank, es ist besser geworden! Verdanken die Lehrer die
Aufbesserung ihrer Gehalte, die Versorgung im Alter oder bei

*) Als in einer der jüngsten Kammersitzungen in der Debatte über die Erhöhung
der Congrua der kath. Pfarrer auf 800 fl. darauf hingewiesen wurde, wie in den
meisten Fällen das wirkliche Pfarreinkommen die Fassionsansätze übersteige, da be=
mühte man sich andrerseits gar sehr, dies in Abrede zu stellen. Die Pfarrer aber
sind ganz anders mit Naturalbezügen bedacht als die Lehrer und genießen auch nam=
haftere Accidenzien. Wir waren ehrlich genug, einzugestehen, daß das reelle Ein=
kommen das nominelle in vielen Fällen übersteigen möge. Warum nun mißt man
auch hier mit zweifacher Elle?
**) Gelten hier nicht die schon früher citirten Worte des Professors und Predi=
gers Flashar?

Dienstesunfähigkeit der Kirche? Gibt sie zu dem Allen einen Kreuzer? Und doch sagt uns der erwähnte Herr Lokalschulinspektor: „Das Streben der Lehrer nach genügender Wittwen= und Waisenversorgung wird in dem (?) Herzen Aller aufrichtige Sympathien erwecken, welche sich zu jener Religion bekennen, deren hauptsächlichste Thätigkeit darin besteht:

Die Waisen und Wittwen aufzusuchen in ihrer Trübsal."

Ist das gegenüber den thatsächlich bestehenden Verhältnissen nicht offenbarer Hohn? Dieser wird noch verstärkt durch moralische Sentenzen, wie: „Es ist einmal in der Welt Gottes nicht so eingerichtet, daß Jedem, was sein Herz wünscht und begehrt, von aussen in den Schoos geworfen werde; nur durch thätiges Streben geordneter Arbeit soll es der Erde, welche, wenn es auch die Schrift nicht sagte, als unter dem Fluche seufzend erprobt wird, abgerungen werden." „Thätigkeit mit Sparsamkeit gepaart wird immerhin die nachhaltigste Fürsorge für die Tage der Noth bleiben gemäß der bewährten Lebensregel: Spare in der Zeit, so hast du in der Noth!" „Die Verbesserung der äußern Lage unserer Volksschullehrer hat nicht nothwendig die Verbesserung der Volksschule zur Folge." *)

Wenn der Mann, der eben so viel Tausende als Einkommen bezieht, als die weitaus meisten Schullehrer Hunderte, uns bewiesen, noch mehr, wenn er Mittel und Wege angegeben hätte, wie ein Schullehrer auch mit nur kleiner Familie mit 350 fl. Einkommen zu jetziger Zeit in der That leben könne, wir würden es dankbar anerkennen; allein er hat das nicht gethan, weil ein solcher Nachweis außerhalb des Bereichs der Möglichkeit liegt. Heut zu Tage arbeitet kein Taglöhner, kein Handwerker, selbst der geringste nicht, unter 1 fl. 12 kr. täglich. Den Lehrer aber trifft bei seiner wichtigen, verantwortungsvollen, geistig und körperlich gleich anstrengenden Arbeit täglich nicht einmal ein Gulden!

Wenn die Aufbesserung der materiellen Lage der Schullehrer eine gründliche und nachhaltige werden soll, so kann dieß nur dadurch geschehen, daß Alterszulagen bis zu einem bestimmten Maximalgehalte gewährt werden, wie dieß in den meisten Nachbarstaaten und auch in unseren größeren Städten bereits geschehen ist. Es ist für den Lehrer eine sehr niederschlagende Ueberzeugung, in seinem ganzen Berufsleben nie einen andern, als nur den Minimalgehalt oder nur ein unbedeutendes Mehr sich erringen zu können. Die Denkschrift stellt die Bitte:

---

*) Der würdige Herr Lokal=Schulinspektor hat hier, wie schon öfter in seiner ausgezeichneten Schrift, auf Kellner's „Aphorismen" Bezug genommen. Wenn unsere Leser sich die Mühe nehmen und Nro. 104 nachlesen wollen, dann werden sie finden, daß dieselbe im Zusammenhange ganz anders lautet.

a) es möge der Minimalgehalt betragen:

in der I. Classe (Dorfschaften unter 1000 Einwohner) 400 fl.

in der II. Classe (Märkte und Landstädtchen auch unter 1000 Einwohner bis 2499 Einwohner und die Landorte von 1000—2499 Einwohner) 450 fl.

in der III. Classe (Orte von 2500 — 9999 Einwohnern) 500 fl.

in der IV. Classe (Orte von 10,000 Einwohnern und darüber) 550 fl.;

b) es möchten Alterszulagen gewährt werden je nach fünf Jahren im Betrage von 50 fl.;

c) der Marimalgehalt möchte daher betragen:

in der I. Classe 650 fl.,

in der II. Classe 700 fl.,

in der III. Classe 750 fl. und

in der IV. Classe 800 fl.

Diese Bitten dürften das Maß der Bescheidenheit sicher nicht überschreiten. Hinsichtlich der Begründung dieser Bitten verweisen wir auf S. 70 und 71, 76 und 77 unserer Denkschrift.

Nach dem Vorschlage des Herrn Dr. Huller betrüge der Marimalgehalt, wie schon oben bemerkt, nach den von ihm bezeichneten 3 Klassen 600, 700 und 800 fl. In den Genuß desselben kämen indeß nach den proponirten Serennialzulagen die Lehrer erst etwa mit dem 66sten Lebensjahre, und würden sohin der Wohlthat eines sehr bescheidenen Marimalgehaltes sich nur sehr wenig Lehrer mehr zu erfreuen haben. Das Vorrücken in die höheren Gehaltsklassen wäre bedingt durch „Fleiß, Wohlverhalten und Verdienst." Es hinge somit ganz von dem Lokal= und Distrikts=Schulinspektor ab, ob ein Lehrer in die betreffende höhere Gehaltsklasse einzurücken hätte oder nicht, und wäre Das, was den Lehrern eine Wohlthat und Ermunterung sein kann, nur eine Quelle der tiefsten Demüthigung und des herbsten Kummers, ein doppelschneidiges Schwert, an dem sich der Lehrer früher oder später verwunden müßte, wenn er es nicht vorzieht, sich gänzlich und willenlos dem geistlichen Scepter zu unterwerfen und in seinem Berufe nichts weiter zu sein, als eine Maschine, die der Herr Schulinspektor nach Belieben lenkt und leitet. Daß Lehrer sich des Vorrückens in höhere Gehaltsklassen können unwürdig machen, ist selbstverständlich; aber dann muß die Unwürdigkeit richterlich festgestellt sein und darf nicht von dem Urtheil des Lokal= und Distriktsschulinspektors abhängen.

Für das „Odium der Schulaufsicht" will Herr Huller sofort 600 fl. — neben mindestens 800 fl. Pfarrgehalt — an die Di=

striktsschulinspektoren gezahlt wissen; die meisten Lehrer aber bekamen 600 fl. erst nach 36jähriger Mühe und Arbeit, also höchst selten oder gar nie! Ist das billig? oder sollen die Lehrer durch Hunger mürbe gemacht werden?*)

Nichts schadet unseren Schulen, dem Ansehen des Lehrers und einer gedeihlichen Wirksamkeit desselben mehr, als das Schulgeld und dessen seitherige Erhebung, denn weil die Bezahlung desselben in vielen Familien recht hart empfunden, den Armen aber, die in der Regel mit Kindern reich gesegnet sind, oft kaum möglich wird, so fällt dabei immer ein Odium auf die Schule und Lehrer. Dazu müssen trotz aller gegentheiligen Verordnungen die Lehrer an vielen Orten um des lieben Friedens willen das Schulgeld selbst einheben**) oder einheben lassen, und daraus erwachsen viele Unannehmlichkeiten, abgesehen von dem Gefühle der Erniedrigung, das jeden Lehrer dabei beschleichen muß, der sich nicht als Taglöhner in seinem Berufe betrachtet.

In der That naiv ist die Anschauung eines alten Geistlichen und praktischen Schulmannes," wenn er S. 21 seiner „Beleuchtung" sagt: „Dem Verlangen, das Schulgeld aufzuheben und den Ausfall durch Umlagen zu decken, wolle ja in keiner Weise Statt gegeben werden. Dieses Verlangen ist ein communistisches***) und ungerechtes. Wohl ist das Schulgeld für kinderreiche Familien oft eine drückende Last; allein dafür haben sie den Kindersegen und die Elternfreuden, welche Andere entbehren. Kinderlose mit Beiträgen zu Schulgeld anzulegen wäre eine schreiende Ungerechtigkeit." Man sieht, der alte Geistliche ist nichts weniger als ein praktischer Schulmann, sonst würde er nicht so ganz Unpraktisches behaupten. Volksbildung ist ein

---

*) Auf die Inconsequenz, deren Herr Dr. Huller sich hier schuldig gemacht, hat selbst einer seiner Standesgenossen in der „Augsburger Postzeitung" hingewiesen. Ja so geht es, wenn man nach der einen Seite nur „Brob," nach der andern nur den „Stein" reichen will.

**) Selbst in mehreren Kreishauptstädten ist, der bestehenden Verordnungen ganz entgegen, diese Erhebung noch in Uebung.

***) Unsere Gegner spotten sonst über „Schlagwörter;" aber gerade sie decken ihre Oberflächlichkeit am öftesten mit Schlagwörtern. Einige Vorsicht sollten sie aber doch anwenden. Schon auf dem bayerischen Landtag von 1825 stellte der Schulrath Frhr. v. Pelkhoven den Antrag auf Umwandlung des Schulgeldes in eine Gemeinde-Umlage (die Lehrer Niederbayerns hatten um Umwandlung des Schulgeldes in eine Kreisumlage petitionirt). Im Jahre 1831 wurden dießbezügliche Anträge wiederholt, und fanden warme und vielseitige Befürwortung. Daß aber schon 1825 der Communismus in Bayern, und zwar gerade in Niederbayern, so viele Anhänger hatte, ja daß er den Weg sogar schon in die II. Kammer gefunden, in der doch damals nur die conservativen Stände vertreten waren, — das haben wir noch nicht gewußt Wahrlich ein Wunder, daß seitdem nicht schon ganz Altbayern von communistischen Ideen durchwühlt ist. Ja Altmeister Goethe, du hast Recht: „Denn eben wo Begriffe fehlen, da stellt zur rechten Zeit ein Wort sich ein;" und „Mit Worten läßt sich trefflich streiten" ꝛc.

allgemeines Gut und kommt direkt oder indirekt auch den Kinder-
losen zu gut. Wo bleibt der Kindersegen, wenn oft Arme und
wenig Bemittelte ihre Söhne zum Militärdienst zu stellen haben,
und ihnen damit die schwersten, oft kaum zu erschwingenden
Opfer auferlegt werden, während der Kinderlose oder Reiche dabei
leer ausgehen darf? „Das Schulgeld beruht auf einem Um-
lagefuß, der unserem Steuersystem wesentlich widerspricht; es
besteuert den am höchsten, der die meisten Kinder, mithin in
der Regel am wenigsten übrig hat; es besteuert ihn zu einer
Zeit, da die Kinder noch nichts verdienen können, mithin
seine Sorgen am größten sind.“ In der bayerischen Ständekam-
mer wurde, wie schon erwähnt, 1831 der Antrag gestellt: „Das
Schulgeld nicht mehr, wie bisher, von den Lehrern oder Gemeinde-
vorstehern erheben zu lassen, sondern in eine Kreislast
umzuwandeln, und die Erhaltung der Schule nicht mehr als
Sache der Eltern, sondern als Sache aller Steuerpflichtigen ohne
Ausnahme zu betrachten.“

Es ist in der That niederschlagend für den Lehrerstand, daß
man nach 34 Jahren in dieser Hinsicht immer noch auf dem alten
Standpunkte steht.*) Desto erfreulicher und erhebender ist im Ver-
gleich zu den früheren Zuständen, was von Seite der hohen Staatsregierung, den hohen Kammern und den Landräthen der einzelnen
Kreise für die Pensionirung der Schullehrer geschehen ist,
und wir erfüllen freudig die Pflicht, den tiefgefühlten, innigen
Dank dafür öffentlich auszusprechen. Gewiß finden billige Wünsche
Gewährung, wie namentlich jener, daß auch unständigen Lehrern,
welche die Anstellungsprüfung erstanden haben und dem Pensions-
vereine beigetreten sind, bei unverschuldeter Dienstesuntauglichkeit
in allen Regierungsbezirken die Wohlthat der Unterstützung zu
Theil werden möge.

Man wird auch hier den Lehrern das Zeugniß nicht versagen,
daß sie dazu selbst leisten, was in ihren Kräften steht, wie die
Gründung der Privatunterstützungsvereine beweist. Auch bezüglich
dieser Vereine liegt uns die Pflicht freudigen Dankes ob, denn

---

*) Für eine entsprechende Lehrerbesoldung spricht besonders entschieden sich aus
Seminardirektor Ries: „Ueber das höchst folgenreiche Zusammenwirken zum besseren
Gedeihen der Elementarschulen 2c. Mannheim 1829“ und sagt darin höchst beachtenswerthe, oft auch sehr bittere Wahrheiten, aber doch — Wahrheiten. Vergleiche auch:
Gräfe: Schulrecht, Sailer, Bischof, v. Wessenberg: „Auch beim sogenannten Schulverbessern ist nicht alles Gold, was gleißt. Es ist in
ganzen Collegien oft eitel Heuchelei. Sie wollen nur den Schein
einer Sache, die sie selbst nicht wollen. Sie thun Alles, damit die (vergeblich beabsichtigte) Verbesserung nicht gelinge.“ Jean Paul, Levana, S. 132. Dinter,
Consistorialraths Leben, Neustadt 1829. Niemeyer, Grundsätze der Erziehung.
6. Auflage. Hergenröther, Erziehungslehre im Geiste des Christenthums,
Sulzbach 1823. Professor Pölitz in seiner Erziehungswissenschaft u. A.

auch bei diesen traten die hohen Kreisregierungen ebenfalls unter=
stützend und helfend ein.

Das gibt uns Gewähr, daß auch jener Gegenstand, bei wel=
chem uns so oft die Summe der menschlichen Noth und des Elen=
des entgegentritt, und der noch so viele Lehrer schwer darnieder=
drückt — die Wittwen= und Waisenversorgung ent=
sprechend geregelt werde. Nichts greift tiefer in das Wohl und
Wehe des Lehrerstandes, als gerade dieser Gegenstand, und obgleich
heut zu Tage so viel von Humanität und Christenthum geredet
wird, so werden dennoch gerade die Lehrerwittwen und Waisen oft
noch recht inhuman und unchristlich behandelt, und in den seltensten
Fällen wurde ihnen „aufrichtige Sympathie", die doch in that=
sächlicher Hilfe bestehen sollte, zugewendet, und Lehrers=Wittwen
und Waisen „in ihrer Trübsal aufgesucht." -- Es ist bekannt,
wie die Hinterlassenen der Lehrer in den meisten Fällen behandelt
wurden; bekannt, mit welcher Herzlosigkeit ihnen oft ein Unter=
kommen versagt, Bitten abgeschlagen wurden; bekannt, daß auch
hier die Kirche nichts, gar nichts gethan hat; wir könnten das
Alles durch Hunderte von Thatsachen beweisen, allein es ist ein
trauriges, schmerzliches Kapitel, und darum wollen wir nicht näher
in dasselbe eingehen. Um das Loos ihrer Hinterbliebenen möglichst
zu sichern, haben die Lehrer selbst das Mögliche geleistet, aber in
der gegenwärtigen Zeit reicht das bei weitem nicht mehr aus, und
die Zukunft gestaltet sich für die Wittwen und Waisen der Lehrer
trostloser denn je. Hier thut Hilfe noth, dringend noth! Ver=
trauensvoll wandten wir uns in unserer Denkschrift an die hohe
Staatsregierung um Hilfe für unsere Wittwen und Waisen; ver=
trauensvoll wiederholen wir auch heute diese Bitte an Höchstdieselbe
und an unsere Volksvertretung. Gewiß haben auch die hohen
Kammern ein Herz für Wittwen und Waisen der Lehrer und ge=
währen gerne, was dieselben vor bitterer Noth, vor Schande und
Verachtung schützen kann!

Schlußwort.

Es liegt nicht in unserer Absicht, alle gegen unsere Denkschrift
erschienenen Brochüren abzufertigen; manche derselben sind dessen
gar nicht werth, denn in ihrer Gehaltlosigkeit auf der einen und
ihrer Uebertreibung auf der andern Seite, in ihrem oft maßlosen
Spott und Hohn müssen sie sich bei jedem Vorurtheilslosen und

Unbefangenen, bei jedem Einsichtsvollen und Gebildeten, bei Jedem dem es mit der heiligen Sache der Volksbildung und Erziehung rechter Ernst ist und der daher die Wichtigkeit und Bedeutung desselben richtig würdigt, von selbst richten. Andere erkennen das Gute und Berechtigte, das die Denkschrift enthält, an, und suchen den Boden zu einer Verständigung zu ebnen. Wir weisen eine solche nie und nirgends von der Hand, können aber zur Unter= drückung der Volksschule wie des Lehrerstandes nimmer die Hand reichen, und scheuen in der Ueberzeugung unseres guten Rechts und der Theilnahme aller wahrhaft Gebildeten, aller wahren Freunde des Volkes und des Volksschulwesens den Kampf nicht, den man uns nicht blos angekündigt, sondern sofort und leiden= schaftlich eröffnet hat. Offen und ehrlich haben wir in der Denkschrift alles das der höchsten Stelle bezeichnet, was nach unserer innigsten Ueberzeugung einer entsprechenden und zeitge= mäßen Entwickelung des Volksschulwesens in unserem engeren Vaterlande hinderlich ist, und was sich förderlich erweisen dürfte. Wir stehen einzig und allein auf dem Boden der Schule, gehören keiner Partei an, am allerwenigsten der des Umsturzes aller gött= lichen Ordnung; wir sind daher auch keineswegs nur „die Gescho= benen", sondern sprechen aus unserer durch vieljährige Erfahrung gewonnenen Ueberzeugung. Auch haben wir uns bei Abfassung und Textirung der Denkschrift nicht der „gewandten Hand eines Man= nes des Gesetzes, der unverkennbar wo nicht direkte entwerfend, so doch sorgfältig feilend mitgewirkt hat", *) bedient. Nach jahrelangem, treuem und ernstem Wirken im Lehrerberufe wissen wir, und wissen wohl die meisten Lehrer, wo es fehlt und wo sie der Schuh drückt.

Fassen wir daher Alles, was zur Förderung einer wahren Volksbildung nöthig ist, kurz zusammen, so ergeben sich fol= gende Sätze:

1) Die Volksschule dient dem Staate, der Kirche und der Ge=

---

*) Dieser von Mann zu Mann fortgepflanzte, v. Lachemair offen ausgesprochene Verdacht, charakterisirt abermals unsere Gegner und die geringe Meinung, welche die= selben von dem Lehrerstande haben. Das „Jahrbuch für das bayerische Volksschul= wesen 1864" veröffentlicht S. 98 u. ff. in offenster Weise die Entstehung unserer Denkschrift und nennt alle Personen, welche bei der Abfassung betheiligt waren. Dem gegenüber sprach man doch von „einem geheimnißvollen Dunkel, in welches die Ent= stehung der Denkschrift gehüllt sei." Das ist gewiß nicht ehrlich. Wir können aber die Versicherung geben, daß weder „die gewandte Hand eines Mannes des Gesetzes" noch sonst eine Hand sich weder direkt noch indirekt, weder bei der Vorbereitung des Materials noch bei Abfassung des Memorandums irgend wie betheiligt hat. Wer über einen Gegenstand mit sich vollkommen im Klaren ist, dem ergibt sich auch die rechte Form des Ausdruckes. Als Männer von Ehre müssen die Verfasser der Denkschrift wie die Verantwortlichkeit, so auch die Formulirung und Ausarbeitung des so viel genannten Schriftstücks in Anspruch nehmen.

meinde (oder den zu einer solchen verbundenen Familien). Sie muß daher Unterrichts= und Erziehungsanstalt zugleich sein, weil sonst ein glaubens= und gesinnungsloses Geschlecht aus derselben hervorgeht. Die Volksschule muß sein eine öffent= liche Anstalt unter der obersten Aufsicht und Leitung des Staates.

2) Die äußere und innere Schulordnung muß, soferne dieß die freie Bewegung und Entwickelung der Volksschule nicht hin= dert, gesetzlich geregelt und geordnet sein. Die Volksschule muß sich gliedern in eine Elementar= oder Werktags= und eine entsprechend eingerichtete Fortbildungsschule, weil ohne letztere alle Thätigkeit der ersteren der rechten Nachhaltigkeit und eines dauernden Erfolges entbehrt.

3) Die Ertheilung des Religionsunterrichtes liegt dem Geistlichen und Lehrer, wie bisher, gemeinschaftlich ob. Ersterer hat den eigentlichen Religionsunterricht, letzterer den vorbereitenden in geeigneter Behandlung des religiösen Gedächtnißstoffes und der biblischen Geschichte zu geben. Für diesen Unterricht hat die Kirche das Leitungs= und Ueberwachungsrecht der Schule und des Lehrers, und ist deßhalb auch eine Trennung der Schule von dem inneren organischen Verbande mit der Kirche nicht gegeben, und liegt uns ein dahinzielendes Streben ferne.

4) Da die Schule in ihrer jetzigen Gestalt kein Produkt der Kirche, sondern der pädagogischen Wissenschaft und des prakti= schen Lebens ist; so hat die Kirche nicht das ausschließliche Recht auf die Leitung und Beaufsichtigung derselben. Die Anerkennung des Grundsatzes: die Volksschule ist ein An= nerum der Kirche, hieße ein fortschreitend sich entwickelndes Staats= und Volksleben an der Wurzel schädigen. Der Leh= rerstand ist berechtigt, einen Antheil an der Leitung und Be= aufsichtigung des Volksschulwesens, namentlich nach der for= malen und technischen Seite zu verlangen.

5) Ohne gründlich gebildete Lehrer — keine guten Schulen. Die Vorbildung der Lehrer muß auf allgemeiner formaler Grund= bildung beruhen. Die Fach= oder Seminarbildung muß dem Stande der heutigen pädagogischen Wissenschaft entsprechen. Sie kann nur von theoretisch und praktisch gründlich gebilde= ten Pädagogen ertheilt werden.

6) Wir halten eine Trennung der Meßnerei vom Schuldienste für geboten. Wenn z. Z. einer solchen Trennung noch sach= liche Hindernisse entgegen stehen, deren Beseitigung man scheut, so können doch solche Anordnungen getroffen werden, daß der Lehrer vor launenhafter Willkür sicher gestellt und von der Leistung solcher Dienste, die seinem Ansehen nicht förderlich sein können, befreit werde. — Wie es mit der Gemeindeschreiberei

gehalten werden soll, wird ohnehin durch eine neue Gemeinde-
ordnung gesetzlich geregelt werden. Die Ausstellungen der
Gegner der Schulreform an diesem Nebendienst sind theils
übertrieben, theils ganz unwahr.

7) Die Lehrer beanspruchen eine mit der Wichtigkeit ihres Dienstes,
mit ihrer Mühe und Arbeit, und mit den jetzigen Zeitver-
hältnissen in Einklang stehende Besoldung; eine billige Pension
im Alter oder bei sonstiger Dienstesuntauglichkeit, und eine
Versorgung ihrer Wittwen und Waisen, welche sie wenigstens
vor Noth und Elend schützt. —

Aus unserer Deduktion dürfte zu ersehen sein, daß wir die
Volksschule keineswegs auf ein Plèdestal zu erheben suchen, auf
welches sie nicht gehört, daß wir aber von ihrer großen Wichtigkeit
auf's Innigste überzeugt sind, und daß wir sie für einen Kanal
halten, durch welchen Religion und profanes Wissen, edle Sitte und
staatsbürgerliche Tugenden in das Volk ausströmen sollen.

Wir schließen mit den Worten Fröhlich's:

„Nun wohlan, Regierungen! nun wohlan, Volksvertreter! — wenn die Volksschule ein so wichtiges Glied in der
goldenen Kette der Kultur ist, so wendet ihr doch auch die gebührende Aufmerksamkeit zu! Gebet ihr durchgebildete Arbeiter, be-
rufet an ihre Spitze sachverständige Männer, deren Herz einzig
und allein für die Anstalten der Jugendbildung schlägt!" —

Berichtigungen.

Seite 1 Zeile 3 von unten ist „allein" zu lesen.

Seite 6 ist zwischen Zeile 8 und 9 „damit" einzuschalten.

Seite 8 letzte Zeile „ihrer" statt seiner.

Seite 13 Zeile 10 von oben soll statt des Strichpunktes ein „Beistrich" stehen und darnach „und" anstatt doch folgen; Zeile 16 „Arithmetik" und letzte Zeile „begann".

Seite 14 Zeile 4 von unten soll es „Schule" heißen.

Seite 23 Zeile 1 der Note ist „Ein Mensch" zu lesen.

Seite 37 Zeile 26 von unten soll „Theoretisirens" stehen.

Seite 60 Zeile 3 von unten ist „nicht" zu streichen.